커뮤니티 빌더들

커뮤니티 ···

브랜드를 성장시키는
커뮤니티 마케팅 첫걸음

빡욘선(독림) 지음

Community
Builders

현익출판

이 책은 고객을 모으는 시대에서 함께 성장하는 파트너를 만드는 시대로의 전환을 명확히 짚어낸다. 커뮤니티를 직접 만들고 운영한 경험을 바탕으로, 왜 어떤 커뮤니티는 살아남고 어떤 커뮤니티는 무너지는지를 구조적으로 설명한다. 초개인의 시대일수록 더욱 중요해지는 초가치 비즈니스로서의 커뮤니티를 고민해 온 개인과 기업이라면, 이 책을 출발점으로 삼아 보라.

김미경 유튜브 MKTV 대표, 방송인

지금 우리는 AI가 삶의 모든 영역에 스며드는 새로운 시대를 맞이하고 있다. 앞으로의 세상에서는 노동과 생산, 금융과 자본, 교육과 커리어에 이르기까지 거대한 변화가 일어나며 우리는 이전과는 다른 사회 구조에서 살게 될 것이다. 그렇다면 어떤 미래가 오더라도 변하지 않는 것은 무엇일까? 사람은 사람과 함께 모이고, 서로를 필요로 한다는 사실이다. 하지만 사람들이 연결되고 함께하는 방식은 크게 달라질 것이며, 그 중심에는 '커뮤니티' 개념이 있다. 모든 것을 AI가 수행하고 우리의 욕망과 선택까지 예측하는 시대에서 사람과 사람의 만남은 가치가 더욱 높아질 것이다. 더 건강해지기 위해서, 더 행복해지기 위해서, 알지 못하던 새로운 것들을 발견하기 위해서 사람과 사람의 연결은 우리의 뇌에 꼭 필요하다.

미래에는 어떤 커뮤니티가 만들어지고, 우리는 어떤 방식으로 함께 모이게 될까? 이 책은 다양한 커뮤니티의 사례를 통해 커뮤니티의 개념이 어떻게 바뀌어 왔는지 보여 준다. 개인과 기업이 커뮤니티를 통해서 어떠한 수익과 가치를 창출할 수 있는지에 대한 멋진 아이디어도 얻을 수 있다. '록담'이라는 이름으로 더 잘 알려진 저자는 국내에서 미래형 커뮤니티에 대해 가장 많이 탐구하고 연구한 전문가 중 한 명이다. 이 책이 나오기를 오래 기다려 왔고, 읽는 내내 '역시'라는 감탄과 함께 뇌가 즐거워지는 순간을 경험했다. 많은 이들이 이 책을 통해 사람과 사람의 연결에 대한 소중한 인사이트를 가져갈 수 있기를 바란다.

장동선 뇌과학자, 과학 커뮤니케이터

이 책은 대한민국 커뮤니티 현장의 최전선에서 지난 10년간 축적된 실무 경험이 집약된 결과물이다. 커뮤니티의 본질은 사람과 사람을 연결하고, 그 연결 속에서 깊은 연대의 감정을 만들어 내는 데 있다. 이는 책 속 이론만으로는 결코 체득할 수 없는 영역이며, 실제 현장에서 사람들과 부딪히고 실패하고 고민하며 얻은 경험으로서만 가능하다. 이 책은 왜 지금 개인과 기업이 커뮤니티에 주목해야 하는지에 대한 근본적인 질문에서 출발해, 커뮤니티가 어떤 방식으로 설계되고 운영될 때 지속적으로 성장할 수 있는지에 대한 구체적인 체크리스트까지 담고 있다. 직접 커뮤니티를 만들고 성공시켜 본 사람만이 전할 수 있는 실무적 통찰이 가득하다.

　디지털과 AI라는 기술적 키워드가 모든 담론을 압도하는 시대이지만, 나는 그 중심에 여전히 '사람'이 있다고 믿는다. 아날로그적인 관계와 연결을 기반으로 한 커뮤니티의 힘은 결국 차별화된 브랜드 가치를 만들고, 그 가치를 자발적으로 지지하는 팬덤을 탄생시킨다. 커뮤니티가 개인과 기업의 성장을 좌우하는 핵심 전략이 된 지금, 솔직히 말해 이 책은 혼자만 알고 싶을 정도로 반가운 책이다.

이승윤 디지털문화심리학자, 건국대 경영대학 교수

커뮤니티라는 말은 흔하지만, 자발적으로 참여하는 커뮤니티를 만드는 일은 생각보다 어렵다. 라이프집을 처음 시작할 때 막막했던 나에게 저자의 조언은 큰 힘이 되었다. 사람들이 즐겁게 어우러지는 광장을 만드는 법, 그 생생한 노하우가 이 책에 고스란히 담겨 있다. 현장에서 직접 부딪치며 얻은 귀한 인사이트가 자신만의 커뮤니티를 고민하는 모든 분들께 든든한 가이드가 되어줄 것이다.

김주연 LG전자 디지털커뮤니티팀 팀장

커뮤니티를 수년간 운영해 오며 익숙함 속의 갈등을 느끼던 차에 트레바리 〈커뮤니티 빌더들〉 모임을 찾았다. 모임장이

자 저자의 이야기를 통해 흩어져 있던 고민들이 하나의 구조로 맞물리며, 막혀 있던 시야가 선명하게 트이는 경험을 했다. 나의 현장 경험은 커뮤니티 이론 및 사례들과 연결되어 선명한 프레임으로 정리되었고, 그 인사이트는 다시 우리만의 로열티 전략으로 이어졌다. 커뮤니티 진화 모델, 비즈니스 기여 구조, 1:9:90 법칙 등이 현실에서 작동함을 이미 확인하고 있기에, 이 책이 더욱 반갑다. 커뮤니티를 넘어, AI 시대에 관계를 자산으로 만들고 싶은 이들에게 지금 가장 필요한 언어와 현실적인 가이드를 건넨다.

이정환 여기어때 유저로열티 팀장

들어가며

뭉쳐야 한다, 이전과 다른 방식으로!

지난 일주일, 저는 여러 커뮤니티의 경계를 넘나들었습니다. 뇌과학자 장동선 박사님이 진행하는 소셜 살롱에 참여했고, 마케터들이 모이는 커뮤니티에 함께했고, 매해 도쿄 인사이트 트립을 함께하는 이들과 신년 모임을 가졌습니다. 뿐만 아닙니다. 새로운 커뮤니티를 실험하는 다오랩(DAO Lab)이 주최하는 커뮤니티 콘퍼런스도 함께 준비했습니다. 트레바리에서 운영 중인 북클럽 '커뮤니티 빌더들'의 새 시즌이 오픈되어 주변에 열심히 알렸습니다. 전국 로컬 브랜드 커뮤니티인 로컬브랜드포럼(LBF)의 총회 준비도 열심히 했죠.

저는 이렇듯 일과 삶 전반에 걸쳐 수많은 커뮤니티와 연결되어 있습니다. 어떤 커뮤니티는 이끄는 사람으로, 어떤 커뮤니티는 참여하는 사람으로 함께합니다. 저만 유별나게 많은 커뮤니티 활동을 하는 걸까 싶었는데, 알고 보니 요즘 MZ세대, 알파세대 분들은 더 많은 연결과 연대를 경험하고 있더군요.

그래서인지 주변에 '커뮤니티'에 관심을 가지는 브랜드, 개인이 많습니다. 그간 많은 기업과 개인 크리에이터, 가게 대표님들로부터 연락을 받았습니다. 커뮤니티를 만들고 싶은데, 막상 하려니 막막하고 어렵게 느껴진다고요.

그들과 나눈 이야기를 바탕으로 쓴 책이 《커뮤니티 빌더들》입니다. 이 책은 고객을 '비즈니스 파트너'로 보고, 그들을 연결해 '고객 커뮤니티'를 만들고 싶은 분들께 도움이 될 것입니다. 되도록 쉽게 전달하려고 했습니다. 특히 마지막 체크리스트는 실전에서 도움이 되기를 바라는 마음으로 만들었어요.

커뮤니티를 운영하는 데는 돈이 필요하지만, 그렇다고 돈만으로 커뮤니티가 움직이진 않습니다. 커뮤니티는 '관계'가 중심이 되는 프로젝트이자 비즈니스입니다. 시간을 들여 관계를 살피고 이해하려는 당사자의 노력이 더해져야 해요. 그런 가운데 관계가 싹트고 자라죠.

이 책에는 커뮤니티를 이해하고 관계를 쌓는 방법에 대한 내용을 담았습니다. 수년간 커뮤니티를 만들고, 참여하고, 분석한 제 경험을 토대로 쓴 터라 인용이 거의 없고, 한 번쯤 들어 본 내용이 많을 수도 있습니다. 그간 흩어졌던 생각과 경험을 정리하는 데 도움이 될 것입니다. 더해 지금 여러분이 생각하고 있는 커뮤니티의 방향에 대해 점검할 기회를 제공할 수도 있습니다. 누군가에게는 내가 틀리지 않았다는 걸, 누군가에게는 조금 더 좋은 방향으로 개선해 볼 방향을 이야기해 줄 것입니다.

모든 것이 맞춤형으로 전개되는 개인의 시대는 찬란합니다. 그럼에도 우린 뭉쳐야 합니다. 이전과 다른 방식으로 말이죠. 고객을 위해, 팬을 위해, 나와 같은 지향점을 가진 사람들을 위해 우리만의 특별한 커뮤니티를 만들어 보길 권합니다. 그렇게 만들어진 관계 속에서 새로운 기회가 펼쳐지기를 바라겠습니다.

감사합니다.

새로운 연결과 연대를 기다리며,
백영선 (록담)

목차

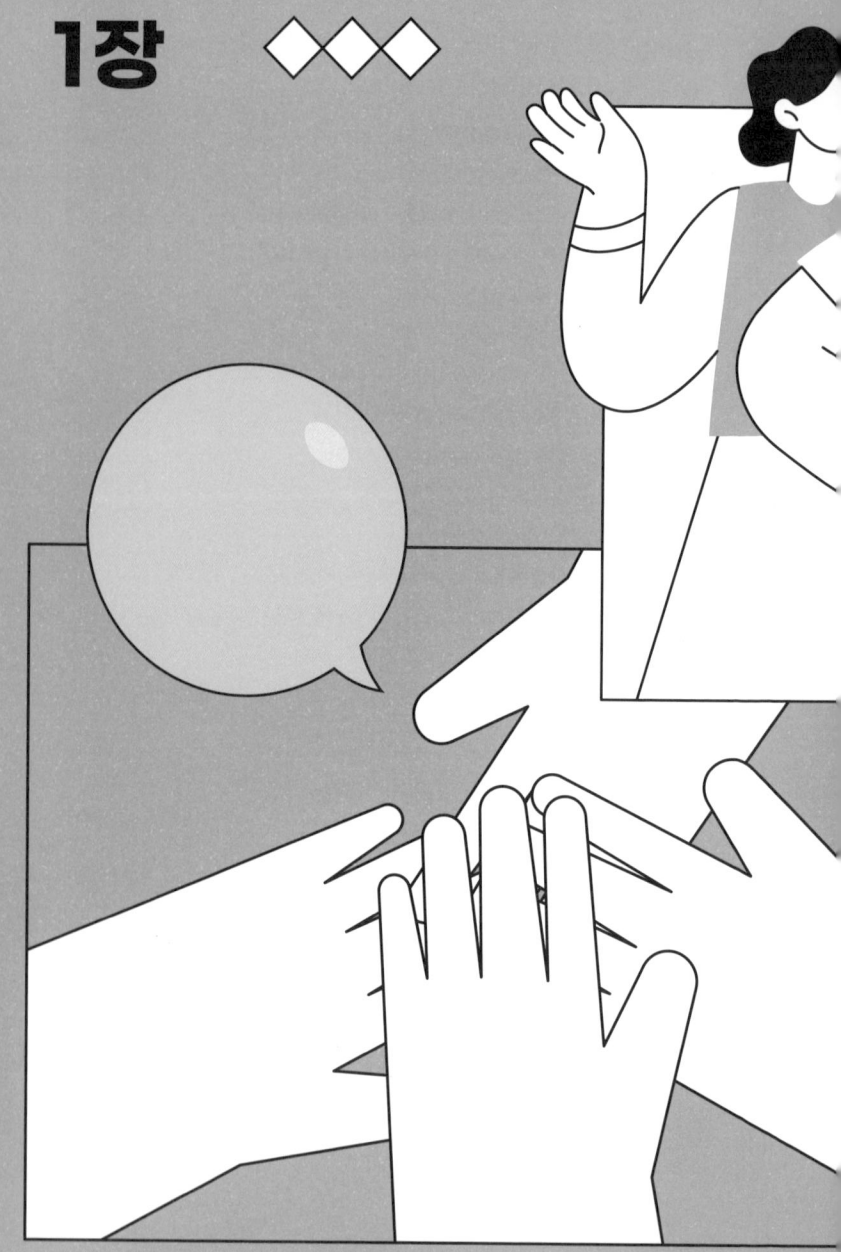

1장

커뮤니티
시대

개인의 시대,
커뮤니티 시대

'개인의 시대'라는 얘기가 많이 들려옵니다. 기업 브랜딩만큼이나 자기 자신을 브랜딩하는 퍼스널 브랜딩 이야기도 쉽게 접할 수 있습니다. 이렇게 개인의 시대가 등장한 배경에는 코로나19 팬데믹이라는 전례 없는 상황이 있었습니다. 한두 달만에 끝났던 메르스와 달리 코로나 사태는 약 3년 동안 지속되었고, 전 세계에 걸쳐 큰 영향을 끼쳤죠. 방역을 위해 국경을 닫고, 사람들의 이동을 막을 뿐 아니라 여럿이 모이는 것도 금했습니다.

인간은 사회적 동물로 옛날부터 공동체를 이루어 생활했어요. 함께 뭉쳐 동물을 잡고, 농경 사회에서도 품앗이를 하며 협동하는 사회였죠. 그런데 코로나19 바이러스가 3년이라는 긴 시간 동안 '뭉쳐야 산다!'라는 당연한 진리를 뭉개고 '뭉치면 죽는다.'라는 메시지를 우리에게 보낸 것입니다.

상황이 이렇다 보니 우리는 뿔뿔이 흩어질 수밖에 없었습니다. 메타버스, 온라인 화상 회의 등 다양한 서비스가 속속들이 등장하면서 각자 자신의 집에서 일하는 재택 근무도 활성화되었습니다. 코로나가 끝난 후에도 이 흐름은 꺾이지 않고 여전히 진행형입니다. 최근 AI 물결은 이 분위기를 더 공고히 만들고 있습니다. 무수한 서비스와 제품들이 집단보다 개인을 조명하고 있죠. 바야흐로 '개인의 시대'가 대세가 되었습니다.

그런데 개인의 시대 저편에 또 하나의 흐름이 보입니다. 바로 커뮤니티 시대입니다. 어떻게 생각하면 반대되는 개념으로 보일 수도 있지만, 개인화가 가속화될수록 커뮤니티의 흐름 역시 거세지고 있다는 걸 알 수 있습니다.

'개인화'된다는 것은 개인이 선명해진다는 의미입니다. 해상도가 높아진다고도 합니다. 각자의 호불호가 분명해지고 기호, 취향, 스타일 등이 이전보다 더욱 뚜렷해지는 것이죠. 예전에는 집단 안에 속해 있으니 다수에 묻혀서 개인의 스타일이 도드라지지 않았습니다. 다들 조직에 적응하며 튀지 않으려고 했죠. 그러나 3년 동안 타인과 접촉하지 않고 자기만의 세계를 구축하다 보니 자기 세계의 해상도가 훨씬 높아졌습니다. 이제 남들이 먹는 것을 따라 먹고, 남들이 입는 걸 따라 입고, 남들이 가는 곳을 따라가는 시대가 아닙니다. 자신의 기호를 찾고, 발견하고, 알아차리며 자기만의 것들이 분명해진 시대가 되었어요.

그렇지만 개인의 수준에서 취향을 구체화하고 심화하는 것에는 한계가 있습니다. 어느 정도까지는 혼자 할 수 있어도, 좀 더 깊고 넓게 나아가려면 다른 이와 교류해야 하죠. 나의 취향과 관심사를 깊이 파고들며 디깅(Digging)하고 싶은 욕구는 이전에 보이지 않았던 연결을 시도하게 했습니다. 개인의 기호가 뚜렷해지고, 이것이 분명한 선을 만들면서 다른 사람이 만든 선과 이어지기 시작한 것입니다. 집단의 먼지에 가려 묻혀 있던 사람들의 기호가 조금씩 선명해지면서 과거와는 다른 새로운 방식의 연결이 등장한 거죠. 옛날에는 주어진 몇 가지 선택지 안에서 내가 활동할 커뮤니티를 선택하는 방식이 많았다면, 이제 사람들은 규모와 정통성에 상관없이 내가 잘될 수 있도록 도와주는 커뮤니티를 찾습니다. 즉 커뮤니티 시대는 개인의 시대와 상충되는 것이 아닌, 자연스럽게 연결되며 등장한 흐름입니다.

다양한 소셜미디어 서비스도 커뮤니티 시대가 다가오는 데 큰 역할을 했습니다. 모든 사람이 전보다 훨씬 더 많이 SNS를 사용합니다. 인스타그램, 틱톡, X, 페이스북 등 수많은 소셜미디어가 인기를 끌고 있죠. 이들은 이전에 없었던 개인화된 미디어를 만들어 냅니다.

개인들은 이제 소셜미디어에 업로드할 콘텐츠가 필요합니다. 이 콘텐츠는 어디서 올까요? 바로 '나의 것'입니다. 남들이 보고 듣는 것들을 그대로 인용하는 게 아니라 개인의 취향이 담긴 것을 올릴 때, 사람들은 새로운 콘텐츠의 등장에 환호합니다. 이때가 바로 새로운 연결의 가능성이 열리는 순간입니다. 더 많이 알려질수록 영향력은 커지고 연결 지점은 늘어나죠.

예전에는 나를 알릴 만한 플랫폼이 없었습니다. 눈에 보이는 사람들 안에서 나와 맞는 사람을 찾으려니 경우의 수도 부족하고, 취향에 대해 깊이 이야기를 나누기도 어려웠죠. 반면 어디로든 뻗어갈 수 있는 온라인 플랫폼과 개인화된 미디어가 존재하는 지금은 연결 자체가 이전에 비해 훨씬 쉬워졌습니다.

개인의 시대는 앞으로 더 도드라질 것이고, 그럴수록 느슨한 연대의 '커뮤니티'가 강조될 것입니다. 개인은 다양한 커뮤니티를 통해 일과 삶을 더 멋지게 만들 수 있는 정보와 방식을 터득하고 있어요. 코로나로 인한 개인 취향의 구체화와 깊이 알고자 하는 욕구의 증가, 소셜미디어의 활성화, AI 서비스의 개별화는 새로운 연결 지점을 만들었습니다. 이제 세상은 개인의 시대이자, 작은 커뮤니티들이 훨씬 많이 존재하고 만들어지는 커뮤니티 시대입니다.

커뮤니티의 과거와 지금

요즘 '커뮤니티'라는 말이 하나의 현상처럼 퍼지고 있습니다. 그렇다고 커뮤니티가 갑자기 툭 튀어나온 단어는 아닙니다. 오래전부터 늘 우리 곁을 맴돌며 존재해 왔죠. 그런데도 최근 '커뮤니티'라는 단어가 흘러넘치는 이유는, 과거 소수의 큰 규모 커뮤니티로 운영되던 것들이 이제는 규모도 다양해지고 콘셉트나 형태도 다채로워졌기 때문입니다. 특히 이전 세대에 비해 커뮤니티에 대한 관심도와 활동성이 높은 MZ세대와 알파세대 덕분에 커뮤니티가 더 눈에 띕니다.

과거의 커뮤니티에 대해 조금 더 이야기해 볼까요? 인터넷이 등장하기 이전에 우리가 가질 수 있었던 커뮤니티는 눈에 보이는 가시권 안의 사람들이 연결된 물리적 커뮤니티였습니다. 마을, 동네, 학교에서 모인 사람들이 커뮤니티를 형성했죠. 여기에 주목해야 할 포인트가 있습니다. 향우회, 동문회, 종친회 등 과거에 주로 형성되던 커뮤니티의 제일 중요한 질문은 '너는 어디를 통과했느냐'예요. 과거의 시간을 물어보는 것이죠. 어디서 태어났는지, 어느 가문인지, 어느 학교를 나왔는지와 같은 바꿀 수 없는 과거가 커뮤니티의 핵심이었습니다.

이러한 커뮤니티는 다양한 활동을 보장하고, 더 나아가 생존을 보장하기도 했습니다. 커뮤니티에 소속됨으로써 조직이 자신을 지켜 주었고, 조직의 힘이 커질수록 소속 멤버는 안전했죠. 마치 안전벨트 같았습니다. 1990년대에 IMF를 겪고 경기가 급격히 안 좋아지면서 커뮤니티의 힘은 더 강력해졌습니다. 서로가 서로를 지켜야 했기에 그 안에서 시대의 정답을 공유했죠. 배타성이 강했습니다.

이 커뮤니티들은 들어가는 것부터 어렵습니다. 원한다고 들어갈 수 있는 커뮤니티가 아니었죠. 그럼 나오는 것은 쉬울까요? 나오는 것 역시 어렵습니다. 과장을 조금 보태서,

해외로 도망가지 않는 이상 계속 연결되기를 피할 수 없었습니다. 동일한 멤버들이 오랫동안 함께하니 변화보다 적응이 중요했어요.

반면, 지금의 모습은 조금 다릅니다. 과거에 비해 훨씬 더 많은 커뮤니티를 넘나들며 살아가는 지금, 사람들은 바꿀 수 없는 과거보다 바꿀 수 있는 현재와 미래를 위해 커뮤니티를 만듭니다. 취향이든, 취미든, 라이프스타일이든, 스터디든 지금 세대가 만들고 운영하는 커뮤니티는 모두 자신의 '현재'와 '미래'를 위해 투자하는 것들이죠. 이들의 커뮤니티는 대개 들어가는 것도 쉽고 나오는 것도 쉽습니다. 함께하는 기간 자체가 짧은 프로젝트성 커뮤니티도 정말 많아졌어요.

과거의 커뮤니티와 요즘 커뮤니티의 가장 큰 차이는 '시점'입니다. 전자는 내가 어디를 통과했는지를 묻고, 후자는 내가 어디를 통과하고 싶은지를 묻습니다. 예전에는 자신이 가진 것을 지키고 유지하는 '안전 중심'이었다면, 이제는 같이 성장하고, 팽창하고, 심화되는 것에 주안점을 둡니다. 전자는 변화의 여지가 없고, 후자는 변화의 폭이 상당하죠.

힘의 방향도 다릅니다. 과거에는 권력이 위에서 아래로 흐르는 탑다운(Top Down) 중심이었다면, 이제는 탑다운도 있지만 아래에서 위로 올라가는 바텀업(Bottom Up)도 많죠. 구성원들끼리 영향을 주고받기도 합니다. 구성원 자체가 자유롭게 의견을 내며 자신의 깊이를 더해 갑니다.

이러한 커뮤니티의 형태를 '느슨한 연결'이라는 말로 표현하기도 합니다. 한두 개의 강력한 커뮤니티와 연결되어 평생을 살아온 이전 세대와 달리, 요즘은 일과 삶이 그야말로 다층적이고 그만큼 다양한 커뮤니티와 연결되어 있습니다. 관계 자체가 물리적인 거리를 넘어서서 현재의 관심과 지향점, 미래에 대한 목표 등 다각적으로 흩어지다 보니 훨씬 더 많은 갈래로 나뉘어 활성화된 것이죠.

과거의 커뮤니티는 나쁘고 현재의 커뮤니티는 좋다는 의미가 아닙니다. 여전히 지금 시대에도 과거의 강력한 연결을 가진 커뮤니티들이 있습니다. 그런 커뮤니티가 가지는 장점들도 분명히 존재하죠. 지나온 과거가 지금의 나를 만드는 것은 사실이니까요. 흘러온 시간을 회상하고, 과거를 지키고자 하는 마음 역시 중요합니다. 커뮤니티를 중심으로 긴밀하게 연결되고 뭉치는 깊은 연결도 무척 가치 있습니다.

그렇지만 상대적으로 젊고, 가진 것이 적은 요즘 세대는 지난 과거에 의미를 두기보다는 앞으로 나아갈 방향을 바라보는 사람들이 많습니다. 과거가 그렇게 중요하지 않게 된 거예요. 어느 정도 가진 것이 쌓인 30~40대라고 하더라도 끌어안고 가만히 지키기보다 도전하고 나아가기를 두려워하지 않는 사람들이 많아졌습니다. 지금의 상황을 변화시키고, 조금 더 성장하기 위한 선택지로써 커뮤니티와 느슨한 연결을 시도하는 것입니다. 더불어 그 커뮤니티를 수시로 바꾸기도 합니다. 취향은 쉽사리 바뀌지 않을 수 있지만, 여러 가지를 해 보고 싶은 마음은 다분합니다. 여기에 더해 새로운 학습을 통해 또 다른 '업'에 도전하는 것도 보편화되고 있습니다. 이 과정에서 커뮤니티와 만나게 됩니다.

이런 흐름에 맞추어 커뮤니티도 변화하고 있습니다. 여전히 가입과 탈퇴 절차가 어려운 커뮤니티도 있지만, 많은 커뮤니티가 장벽을 낮추고 느슨한 연대를 추구하며 지속가능한 커뮤니티로 나아가고 있습니다.

변화하는
커뮤니티의 흐름

저는 커뮤니티 변천사를 네 단계로 정의합니다. 커뮤니티
1.0, 커뮤니티 2.0, 커뮤니티 3.0을 지나 지금은 커뮤니티 4.0
이 새롭게 등장하는 중이죠. 각 단계의 커뮤니티는 다음 단계
의 커뮤니티의 등장과 동시에 사라지는 것이 아니라, 나름의
형태로 꾸준히 존재합니다. 예전에는 커뮤니티에 하나의 레
이어가 있었다면, 이제는 네 개의 레이어가 존재하는 거예요.

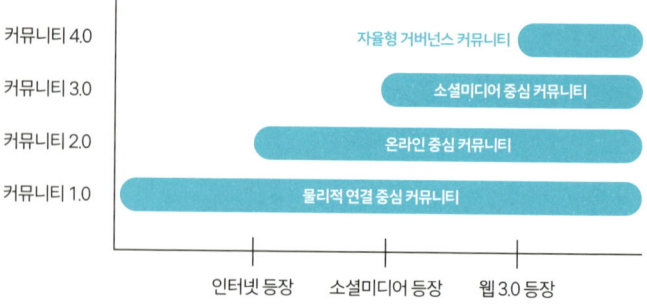

커뮤니티의 흐름

커뮤니티 4.0 — 자율형 거버넌스 커뮤니티
커뮤니티 3.0 — 소셜미디어 중심 커뮤니티
커뮤니티 2.0 — 온라인 중심 커뮤니티
커뮤니티 1.0 — 물리적 연결 중심 커뮤니티

인터넷 등장　　소셜미디어 등장　　웹 3.0 등장

커뮤니티 1.0과 2.0

커뮤니티 1.0은 인터넷이 없던 시절에 시작된, 물리적인 연결을 중심으로 하는 커뮤니티입니다. 일단 알아야 뭉칠 수 있는데, 아는 사람이 눈에 보이는 주변 사람들밖에 없으니 그들과 커뮤니티를 만들었습니다. 비슷한 지역에 살고, 비슷한 환경과 과거를 공유하고 있는 이들이죠. 거리가 가깝다보니 그만큼 접촉이 잦았습니다.

　　그러다 인터넷이 발전하며 새로운 형태의 커뮤니티, 커뮤니티 2.0이 등장합니다. 이때부터 커뮤니티의 시점이 과거가 아니라 현재와 미래로 옮겨갔습니다. 온라인이라는 새로운 연결 방식을 통해 물리적 거리감에 대한 한계가 줄어들면서 취향, 취미, 스터디 등을 주제로 하는 커뮤니티들이 기하급수적으로 생겨나기 시작한 것이죠. 다음, 네이버, 싸이월드 등에서 운영했던 인터넷 카페가 대표적입니다.

커뮤니티 2.0의 특징 중 하나는 리더의 존재감이 크지 않다는 것입니다. 커뮤니티 2.0의 사람들은 새로운 취미를 더 발전시키기 위해 커뮤니티에 가입할 때 누가 이곳을 운영하고 있는지 크게 신경 쓰지 않습니다. 단지 커뮤니티의 이름('영화를 사랑하는 사람들의 모임' 등), 멤버 수, 공유하는 내용을 중요하게 여기죠. 리더보다는 자신이 이 커뮤니티에 속함으로써 얻을 수 있는 게 충분한지를 고려했습니다.

특히 커뮤니티 2.0의 폭발적 성장은 '네트워크 효과'에서 시작되었습니다. 한 명이 글을 올리면 열 명이 보고, 그중 한 명이 또 글을 쓰면서 커뮤니티 1.0에 비해 콘텐츠가 기하급수적으로 늘었죠. 온라인 사이트의 조회수 정렬, 베스트 게시글, 카테고리 같은 기능이 커뮤니티의 성장을 가속했고, 시간이 지날수록 정보가 아카이브로 쌓여 검색과 연동되며 가치가 더 커졌습니다. 이전에는 상상하기 어려웠던 수천, 수만 명 규모의 커뮤니티가 가능해진 이유도 여기에 있어요. 덕분에 커뮤니티를 알리기 위한 홍보나 마케팅에 열중하지 않아도 성장할 수 있었습니다.

네이버나 다음의 카페를 보면 쉽게 이해할 수 있습니다. 인터넷을 중심으로 모이는 '맘카페' 커뮤니티 역시 대표가 누구인지 중요하지 않습니다. '어느 동네 맘카페인지'가 중요한 거예요. 그리고 이 커뮤니티가 믿을 만한 커뮤니티인가에 대한 판단은 인원수에서 찾습니다. 따라서 대형 카페 중심으로 사람들이 모이죠. '많은 사람이 함께하고 있으니 여기는 믿을 만하다.'라고 생각합니다.

단, 문턱도 분명 존재합니다. 커뮤니티 1.0보다는 가입 절차가 쉬워졌지만 가입하기 버튼을 누른다고 바로 가입할 수 없고, 승인이 필요하죠. 가입하더라도 당장 콘텐츠를 볼 수 없고, 할 수 있는 것들이 제한적인 경우가 많습니다. 한마디로 '등급'이 존재해요. 다만 이 등급은 참여자들이 커뮤니티 활동을 더 할 수 있도록 만드는 동기 부여 장치의 역할을 하기도 합니다.

커뮤니티 3.0

커뮤니티 3.0은 소셜미디어의 등장과 함께 시작되었습니다.

커뮤니티 2.0과 커뮤니티 3.0의 차이가 미디어의 변화인 셈입니다. 그렇다 보니 커뮤니티 주제나 콘텐츠에 큰 차이가 있지 않습니다. 커뮤니티 3.0 역시도 취향, 취미, 스터디 등을 위주로 커뮤니티가 꾸려지죠. 다만 결정적인 차이는 '리더십의 변화'입니다. 리더의 이름값이나 유명세가 크게 중요하지 않았던 커뮤니티 2.0과 달리, 커뮤니티 3.0에서는 사람들이 리더를 보고 커뮤니티를 선택하기 시작합니다. 소셜미디어를 통해 리더 개인의 모습이 보여지니 관심사, 일상 등이 어떤지 관심을 가지고 지켜볼 수 있게 된 것입니다. 특히 커뮤니티 3.0에서는 소규모 커뮤니티가 활성화되면서, 같은 주제일지라도 리더의 철학과 스타일에 따라 커뮤니티를 선택하는 경우가 많아졌습니다.

커뮤니티 3.0의 또 다른 특징은 '보더리스(Borderless)'입니다. 커뮤니티를 구분 짓는 경계가 없어지거나 무척 낮아진 것이죠. 참여자들은 어떤 커뮤니티든 손쉽게 들어가고 나올 수 있게 되었습니다. 앞서 언급했듯 커뮤니티 1.0이나 2.0은 문턱이 낮지 않습니다. 1.0은 가입하는 데 특별한 조건이 필요하고, 2.0은 가입하는 순간부터 다양한 질문에 답변해야 하고 계속 활동하기 위해서는 검증을 받는 등 특정 조건 충족이 필요하죠. 그렇지만 소셜미디어를 중심으로 활동하는 커뮤니티 3.0에서는 어떤 커뮤니티에 속하기 위해 절차를 거칠 필요가 없습니다. '팔로우' 버튼 하나만 누르면 끝이죠. 커뮤니티는 가벼워지고, 소속되는 멤버 한 명 한 명이 더 중요해졌습니다.

이러한 특징 덕에 커뮤니티 3.0부터 CoC(Community of Community)라는 개념이 활성화됩니다. CoC는 하나의 커뮤니티를 느슨하게 만들어 두고, 그 안에서 단기적인 인스턴트 커뮤니티를 계속 만들어 내는 방식입니다. 물론 커뮤니티 2.0부터 나름의 CoC가 존재했습니다. 예를 들어 프라모델 동호회 카페가 있다면 그 안에 전북지부, 강원지부 등 지역별 모임이 존재했죠. 다만 3.0의 CoC와는 결이 많이 다릅니다. 온라인 커뮤니티의 등장으로 물리적 거리감이 사라지면서, 그것을 조금이나마 복원하기 위한 방법으로 지역별 CoC 비중이 높았습니다. 반면 커뮤니티 3.0은 경계가 없거나 아주 낮기 때문에 쉽게 들어갈 수 있습니다. 그만큼 많은 사람이 모이고, 그 안에서 작은 커뮤니티를 구축하는 방식이 커뮤니티 3.0의 특징입니다.

대표적인 예시가 인플루언서 기반 커뮤니티입니다. 일단 팔로워를 만들어 놓고, 그들을 자기만의 커뮤니티로 전환하는 거죠. 4050 여성들의 큰언니로 사랑받는 김미경 대표도 다양한 활동과 유튜브를 통해 형성한 팔로워를 'MKYU(엠케이유니버스)'라는 온라인 대학 커뮤니티 멤버로 전환시켰습니다. '김미경'이라는 한 사람을 보고 모인 많은 팔로워는 MKYU라는 커뮤니티 속에서 함께 공부하고 소통하며 자신을 성장시켜 나갑니다. 전형적인 커뮤니티 3.0의 모습이죠. 인플루언서뿐만이 아닙니다. 삼프로TV, 월급쟁이부자들 등 팔로워가 많은 브랜드 계정도 CoC를 지향합니다. 초기엔 팔로워 수를 높이는 것에 집중했다면, 이제는 그것에만 머물지 않고 팔로워 일부를 재조직화하면서 다양한 방식의 모임(대학, 아카데미 등 학습형 커뮤니티)을 기획하고 이끌고 있습니다. 무신사나 오늘의집처럼 확고한 콘셉트를 가진 기업들도 같은 길을 가고 있습니다. 우선 스케일을 키운 뒤, 서비스 내부에 작고 밀도 높은 커뮤니티를 형성해 고객 스스로가 관심사에 따라 결집할 수 있도록 견고한 구조를 쌓아 가고 있습니다.

커뮤니티 4.0

커뮤니티 4.0에서는 다시 한번 리더십의 변화가 일어납니다. 커뮤니티 2.0은 리더보다 주제나 관심사가 중요했고, 커뮤니티 3.0은 리더의 철학과 스타일이 커뮤니티 참여자에게 중요한 기준이 되었습니다. 커뮤니티 4.0에서는 리더에게 집중된 '힘'이 참여자에게 분산됩니다. 리더가 없는 커뮤니티라기보다 모두가 리더가 되는 구조, 즉 자율적 거버넌스가 형성되는 단계입니다. 이러한 변화의 배경에는 웹 3.0의 등장이 있습니다. 커뮤니티 2.0이 온라인 기반, 3.0이 소셜미디어 기반의 커뮤니티였다면, 커뮤니티 4.0은 웹 3.0이라는 기술적 토대 위에서 만들어집니다.

웹 3.0은 디지털 세상에서 '소유'의 개념을 새롭게 정의합니다. 예전에는 사용자가 온라인상에서 어떤 창작물을 만들더라도 그 결과물은 결국 플랫폼의 자산이 되었죠. 사용자가 만들어 낸 콘텐츠, 데이터, 활동의 이익과 가치는 플랫폼이 독점했고, 개인에게 돌아오는 보상은 거의 없었습니다. 그러나 웹 3.0 시대에는 이 구조가 뒤집힙니다. 창작물의 소유권이 플랫폼이 아니라 개인에게 귀속되고, 개인은 자신의 기여에 상응하는 보상과 혜택을 받는 것이 당연한 구조로 자리 잡고 있죠. 유튜브의 수익 배분 모델이 하나의 예입니다. 창작물의 소유권은 아직 유튜버에게 귀속되지 않지만, 유튜버는 자신이 만든 콘텐츠를 통해 광고 수익의 일부를 정산받습니다. 이전 포털사이트 카페나 소셜미디어에서는 없었던 일입니다. 콘텐츠를 생산한 창작자가 기여한 수준에 따라 일정한 리워드를 받는 것이죠.

웹 3.0이 제안하는 보상 철학은 커뮤니티 구조에도 깊은 영향을 미쳤습니다. 과거처럼 리더나 플랫폼 사업자가 성과를 독식하는 구조는 점점 힘을 잃고 있어요. 이제 커뮤니티의 가치는 구성원 개개인의 참여와 협력, 그리고 그에 대한 공정한 보상에서 만들어집니다. 그래서 커뮤니티 4.0에서는 규모나 영향력보다 구성원의 기여와 참여 정도가 중요합니다. 구성원은 단순히 소속된 존재가 아니라, 활동하고 기여하는 정도에 따라 보상을 받고 권한을 가집니다. 이것이 누구의 소유도 아니지만 모두가 함께 가꾸는 공유지 기반 커뮤니티 거버넌스를 지향하는, 커뮤니티 4.0입니다.

커뮤니티 4.0 단계로 가면 'DAO(Decentralized Autonomous Organization, 탈중앙화 자율조직)' 형태의 커뮤니티들이 등장합니다. 이더리움의 창시자 비탈리크 부테린(Vitalik Buterin)이 정립한 개념 DAO는 웹 3.0을 기반으로 만들어진 새로운 형태의 커뮤니티로, 기여와 보상 구조가 명확하게 설계되어 있습니다. 블록체인 기술의 발전 덕분에 개인의 참여와 활동이

데이터로 기록되고, 이에 따라 기여도를 투명하게 산정할 수 있죠. 아직 한국에서는 완전한 DAO 구조를 구현한 커뮤니티가 많지는 않지만, 이를 지향하려는 시도는 꾸준히 늘고 있습니다.

DAO 커뮤니티는 리더가 전면에 나서기보다, 구성원 각자가 리더십을 분담하며 자율적 거버넌스를 만들어요. 리더는 자신의 영향력을 내려놓고, 구성원들이 스스로 좋은 경험을 만들어 갈 수 있도록 시스템을 설계하고 지원하죠. 커뮤니티의 가치를 '누가 이끄는가'보다, '모두가 함께 만들어 가는가'에 둡니다.

국내의 다오랩*이 커뮤니티 4.0의 대표적인 예시 중 하나입니다. 다오랩의 참여자들은 자신의 기여와 활동 정도에 따라 일정한 리워드를 받습니다. 리워드는 금전적 보상일 수도 있고, 혹은 커뮤니티 내에서 얻게 되는 관계 자산이나 평판 자산일 수도 있죠. 이처럼 기술의 발전으로 인해 개인의 활동과 기여도를 정량적으로 기록할 수 있게 되면서, 이제 커뮤니티는 단순히 리더가 수익을 독점하는 구조가 아니라

*   미래의 조직을 연구하고, 설계하고, 세상에 적용하는 실험실을 표방하는 국내 커뮤니티. https://daolab.us/

참여한 모든 구성원이 공동의 가치를 나누는 구조로 전환되는 중입니다. 커뮤니티가 단순한 취미나 네트워킹 공간보다 가치를 창출하고 분배하는 경제적 생태계로 진화하는 것입니다.

커뮤니티 4.0은 구조적으로 비교적 작은 규모와 높은 밀도를 지닌 경우가 많습니다. 참여 절차가 까다롭거나, 구성원 간 합의가 있어야만 운영되는 경우가 많죠. 하지만 그만큼 내부의 결속력과 신뢰도가 높습니다. 멤버가 기여를 하면 할수록 커뮤니티가 더 건강해지고 좋아지기 때문에 긴밀한 연결과 꾸준한 참여를 필요로 하는 것입니다.

특히 커뮤니티 4.0 참여를 통해 얻는 사람들과의 연결, 새로운 협업 기회, 지식과 경험의 교류 등은 모두 개인의 '관계 자산'이 됩니다. 이 관계 자산은 개인의 '임팩트(Impact)', 즉 사회적 영향력을 확장하는 데 매우 중요한 역할을 합니다. 과거에는 학력, 경력 같은 이력이 자신의 영향력을 키우는 요소였다면 지금은 어떤 사람들과 연결되어 있는가, 어떤 커뮤니티에서 활동하는가가 개인의 가치와 직결되죠. 관계 자산이 커질수록 적은 노력으로도 큰 기회를 만들 수 있는 구조가 형성됩니다. 커뮤니티는 바로 이러한 임팩트를 확장하는 플랫폼으로 기능합니다. 커뮤니티를 통해서 누군가를 소개받거나, 새로운 협업 프로젝트를 기획하는 일들이 자신의 비즈니스를 확장하는 데 큰 도움이 되기 때문이죠.

커뮤니티 4.0의 본질은 '집단적 리더십'과 '공정한 보상'입니다. 이 시대의 커뮤니티는 크거나 화려할 필요가 없습니다. 오히려 규모보다 중요한 것은 관계의 질과 참여의 구조입니다. 웹 3.0이 만들어 낸 기술적, 철학적 기반 위에서 커뮤니티 4.0은 구성원 모두가 리더이자 기여자로서 함께 성장하는 새로운 협력의 생태계로 진화하고 있습니다. 더해 커뮤니티 4.0 리더십은 시대의 중요한 화두로 작용할 여지가 큽니다.

커뮤니티 유형에는 좋고 나쁨이 없다

각 커뮤니티를 살펴보면 상대적으로 커뮤니티 1.0에는 중장년층이 많고, 3.0과 4.0에는 MZ세대와 알파세대가 많이 포진해 있습니다. 단순히 나이 때문이라기보다, 자율적 참여와 가치 공유를 중시하는 각 세대의 특성과 맞닿아 있죠. 이러한 맥락에서 커뮤니티 1.0부터 4.0까지의 구분은 우열의 문제가 아니라 선택의 문제입니다. 어떤 커뮤니티 모델이 좋고 나쁘다는 것이 아니라, 어떤 목적과 고객층을 가지고 있는가에 따라 적합한 유형이 달라지는 것입니다. 예를 들어 연령대가 높고 전통적인 가치관을 중시하는 집단을 대상으로 한 비즈니스라면 명확한 리더십과 안정적인 구조를 가진 커뮤니티 1.0이 효과적일 수 있습니다. 반면 개방성과 자율성을 선호하는 젊은 세대를 중심으로 한 커뮤니티라면 3.0이나 4.0의 속성이 적합하겠죠.

결국 중요한 것은 어떤 이유로 커뮤니티를 만들고, 누구와 함께하려 하는가입니다. 그 목적에 따라 커뮤니티의 구조, 운영 방식, 그리고 리더십의 형태를 선택할 수 있습니다. 커뮤니티의 진화 단계를 구분하는 이유 역시 정답을 찾는 것보다 자신의 커뮤니티가 어디에 속하는지, 어떤 흐름을 참조해야 하는지를 명확히 하기 위함입니다.

국내 고객 커뮤니티의 대표 사례인 오늘의집 '오하우스'는 전형적인 커뮤니티 3.0에서 4.0의 속성을 일부 구현한 사례로 볼 수 있습니다. 오늘의집이 기존 인테리어 중심에서 라이프스타일 전반(리빙, 푸드, 캠핑 등)으로 사업을 확장하기 위해 만든 콘텐츠 전문가들의 커뮤니티가 바로 오하우스예요. 오하우스는 오늘의집이 2020년부터 2024년까지 5년간

총 10번의 시즌을 운영한 콘텐츠 커뮤니티입니다. 메가 인플루언서를 연결하기보다, 다양한 분야의 마이크로 인플루언서를 연결하죠. 이 커뮤니티의 운영진(오늘의집 스태프)은 리더로서 강력하게 통제하기보다 서포터 역할을 합니다. 활동비로 오늘의집에서 쓸 수 있는 포인트를 지급하고 정서적 유대를 위한 꽃을 선물하며 참여자 간 연결을 촉진하는 등 멤버들이 이 활동에 몰입하고 적극적으로 활동할 수 있는 환경을 만들죠.

오하우스의 구조는 리더십이 완전히 사라진 4.0은 아니지만, 리더가 조력자로서 기능하는 3.5형 구조로 볼 수 있습니다. 즉 리더가 존재하되, 리더가 아닌 커뮤니티의 자율성과 참여성이 중심이 된 형태입니다. 오하우스에 참여하는 이들은 포인트를 통해 소정의 금전적 이익, 같은 기수로 활동하는 인플루언서들과의 관계를 자산으로 얻게 되는 것이죠.

우리가 만날 수 있는 커뮤니티는 1.0에서 4.0까지 다양한 형태로 존재합니다. 더불어 커뮤니티들은 각 특성을 혼합하며 자신에게 맞는 형태를 찾아가고 있죠. 이 부분은 2.0에서 가지고 오고, 이 부분은 4.0을 벤치마킹해서 자신만의 커뮤니티를 세팅하고 발전시키는 것입니다. 스스로 인플루언서가 되고 팔로워를 모아서 커뮤니티 3.0을 시작할 수 있지만, 시간이 지나면서 리더의 영향력을 줄이고 모두가 1/n만큼의 영향력을 갖는 커뮤니티 4.0으로 전환해 같이 기여하고 보상받도록 만들어 나갈 수도 있습니다. 시작이 1.0이라고 해서 끝이 1.0일 이유는 없습니다.

결국 커뮤니티의 진화는 좋고 나쁨의 문제가 아닙니다. 이제는 각자가 자신의 목적과 성향에 맞는 커뮤니티를 선택할 수 있는 시대가 되었고, 커뮤니티는 그 선택의 다양성 속에서 점점 더 세분화되고 전문화되고 있습니다.

커뮤니티로
비즈니스하기

이번에는 커뮤니티를 사회적 관계의 장이 아닌, '비즈니스 모델' 관점에서 살펴보겠습니다. 커뮤니티를 통해 수익을 낼 의도가 없더라도 커뮤니티를 비즈니스 관점으로 이해하는 일은 매우 중요합니다. 그 이유는 간단합니다. 커뮤니티 비즈니스에서 활용되는 사고방식과 도구들은 이윤을 추구하지 않는 커뮤니티에도 그대로 적용되기 때문이에요. 커뮤니티를 디자인하고, 구축하고, 운영하는 과정에서는 결국 같은 원리가 작동합니다.

커뮤니티는 언제든지 흔들릴 수 있고 쉽게 무너질 수도 있습니다. 단순히 "한번 만들어 볼까?"라는 가벼운 마음으로 시작한 커뮤니티는 오래가지 못하죠. 친구 몇 명이 모여 우정을 나누는 수준이라면 상관없지만, 제3자를 초대하는 순간부터 다른 차원의 정교함이 필요해집니다. 비슷한 관심사를 가진 사람들이 모여 지속적으로 활동할 수 있으려면 운영자는 커뮤니티가 어떤 구조로 움직이고, 어떤 경험을 제공하며, 어떤 기준을 유지할 것인지 고민해야 합니다.

이때 '비즈니스 관점'이 유용한 기준이 됩니다. 비즈니스는 본질적으로 구조와 지속가능성을 고민하는 과정이기 때문입니다. 커뮤니티를 비즈니스 모델로 바라보기 시작하면, 자연스럽게 더 조심스럽고 깊이 있게 준비할 수 있습니다. "이 구성원들에게 어떤 혜택을 제공하는 게 좋을까?" "어떤 형태의 멤버십 구조가 적절할까?"와 같은 질문을 하게 되고, 그 과정에서 커뮤니티는 훨씬 구체적으로 다듬어집니다. 단순한 취미 모임에서 한 단계 나아가 구성원들에게 일관된 만족감을 주는 커뮤니티로 성장할 수 있는 것이죠.

중요한 것은 운영자의 만족만으로는 커뮤니티가 지속될 수 없다는 사실입니다. 커뮤니티는 참여하는 사람들의 만족도가 높을 때 비로소 유지될 수 있습니다. 그 만족도를 높이는 데 필요한 기준과 구조를 마련하는 것이 바로 비즈니스 모델의 역할입니다. 비영리든, 소규모 취미 모임이든, 혹은 개인이 마음먹고 만든 작은 커뮤니티든, 비즈니스의 관점을 이해하고 적용하면 훨씬 단단하고 지속가능한 커뮤니티를 만들 수 있습니다.

멤버십과 커뮤니티

커뮤니티를 얘기하면 다들 '멤버십'이라는 개념과 혼란을 겪습니다. 고객 커뮤니티를 운영해 왔다고 하는데 살펴보면 멤버십 프로그램이죠. 이 둘은 어떤 차이가 있을까요? 결론부터 말하면 모든 멤버십은 커뮤니티가 아닙니다. 하지만 모든 커뮤니티에는 멤버십이 있습니다. 멤버십은 소속감을 만들고, 커뮤니티는 소속을 말해요.

이제까지 기업과 고객의 관계는 주로 멤버십 형태로 작동했습니다. 멤버십을 쉽게 정의하면 '고객 혜택'입니다. 고객에 대한 성의 표시라고도 할 수 있죠. 감사한 마음을 전할 길을 찾다, 멤버십을 통해 물질적 보상을 한 것입니다. 이 방법은 오랫동안 고객 락인(Lock In)과 신규 고객 유치에 도움이 되는 등 효과적으로 작용했습니다. 그리고 여전히 대다수 B2C 기업에서 고객 관리 모델로 멤버십을 운영합니다. 예를 들면 고객의 구매 금액에 따라 등급을 나누고, 그에 맞는 혜택을 제공하는 식이죠. 6개월 동안 100만 원을 사용한 고객은 A레벨, 500만 원을 쓴 고객은 B레벨, 1천만 원을 쓴 고객은 S레벨로 구분하는 것입니다. 그리고 그 등급에 맞춰 선물이나 주차 혜택, 명절 쿠폰을 제공했습니다. 이 구조에서 고객의 역할은 단순했습니다. 돈을 많이 쓰는 것뿐이었죠. 혜택은 일방적으로 '받는' 것이었고, 고객은 기업의 의도나 계획에 관여할 여지가 거의 없었습니다.

하지만 최근의 시장 환경은 달라졌습니다. 고객은 이제 단순한 소비자가 아니라 제품과 서비스, 브랜딩 과정에 직접 참여하는 주체입니다. 관리 대상이 아닌 비즈니스 협업 대상이 되었죠. 쓴 만큼 돌려주는 단순 혜택 제공에 머무르지 않고, 고객을 공동 창작자나 파트너로 끌어들이는 방향으로 진화한 것입니다. 기술의 상향 평준화는 제품과 서비스 결과를 비슷하게 만들었습니다. 이제 기업들은 새로운 차별화를 위해 제품과 서비스를 준비하고 만드는 과정부터 고객과 함께합니다. 고객이 신제품 개발 아이디어를 제안하거나, 마케팅 콘텐츠 제작에 참여하거나, 브랜드 방향성에 대한 피드백을 제공하는 일이 자연스러워졌죠.

여기에 고객과 협업하고 고객 간 시너지를 내기 위한 커뮤니티가 등장합니다. 고객을 연결해 커뮤니티로 엮어 규모를 갖춘 파트너십을 구축하는 것입니다. 물론 커뮤니티가 아니더라도 이벤트 등으로 고객들의 의견이나 아이디어를 참고할 수 있습니다. 홈페이지나 소셜미디어를 통해 고객들의 이야기를 듣는 채널도 운영할 수 있죠. 그런데 이런 방법은 양방향 소통이 되기 어렵습니다. 단순히 제안하는 사람에 머무르지 않고 '팬'을 자처하며 의견을 전하는 요즘 고객과는 어울리지 않아요.

멤버십과 커뮤니티의 가장 큰 차이는 '관계 구조'입니다. 멤버십은 여전히 탑다운 구조입니다. 기업이 혜택을 설계하고, 고객은 그것을 수동적으로 받아 소비하죠. 멤버십 회원들끼리 만나더라도 서로에게 영향을 주지 않습니다. 통신사 멤버십을 예로 들어보겠습니다. 만약 같은 통신사 멤버십 회원을 만난다면 어떤 대화를 나눌 수 있을까요? "A통신사 쓰세요? 저도 A통신사 써요." "아, 그렇군요." 정도의 대화로 끝날 것입니다. 같은 멤버십 회원이라고 해도, 그들 사이에는 별다른 연결이나 유대가 없습니다.

반면 커뮤니티는 다릅니다. 커뮤니티 구성원들은 서로 영향을 주고받죠. 아이돌 팬클럽을 예로 들면 이해하기 쉽습니다. 물론 아이돌이 콘텐츠를 올리면 팬들이 그것을 소비하는 등 팬클럽에도 탑다운 요소가 있습니다. 하지만 거기서 멈추지 않고 팬들은 그 콘텐츠를 재해석하고, 가공하고, 공유해요. '떡밥' 하나가 수많은 팬의 손을 거치며 재생산되고 확산하는 것입니다. 이런 메커니즘 속에서 팬들은 단순한 수용자가 아니라, 아이돌을 대신해 메시지를 전하는 2차 미디어가 됩니다. 기업(아티스트)이 아닌 고객(팬)이 브랜드의 확장자이자 대변자로 기능하는 것입니다.

멤버십과 커뮤니티는 겉으로 보기에 비슷합니다. 둘 다 사람들을 모으고, 특정 브랜드나 서비스를 중심으로 관계를 형성하죠. 하지만 그 관계가 만들어지는 방식과 방향성은 완전히 다릅니다. 멤버십은 고객을 관리의 대상으로 보고, 커뮤니티는 고객을 파트너로 상정합니다. 이제 둘의 차이가 느껴지시나요?

커뮤니티 3.0 비즈니스

요즘은 커뮤니티 3.0이 비즈니스의 중요한 축이 되고 있습니다. 수천, 수만, 수십만 명의 팔로워를 가진 개인이 하나의 브랜드가 되고, 자신이 구축한 팬층을 기반으로 자체 커뮤니티를 만들죠. 커뮤니티를 만들기 전까진 개인이 생산한 콘텐츠를 팔로워들이 소비하는 형태였습니다. 콘텐츠의 반응이 좋거나 팔로워가 많으면 개인에게 돌아가는 수익이 그만큼 컸습니다. 그런데 시간이 흐르면서 인플루언서 시장이 포화하자 변화가 일어났습니다. 소수 인플루언서만이 광고 수익을 독점하던 과거와 달리, 이제는 누구나 콘텐츠를 생산하며 다양한 규모의 팔로워를 가진 모두가 인플루언서인 시대가 된 것입니다.

그 결과 광고 수익이 예전 같지 않으니, 인플루언서들은 자신이 쌓아 온 팬층을 기반으로 새로운 비즈니스 모델을 모색하기 시작했습니다. 그중 하나가 바로 커뮤니티입니다. 단순히 팔로워와 느슨하게 연결된 관계를 넘어, 핵심 팬층을 중심으로 더 긴밀한 커뮤니티를 형성하는 것이죠.

그 많은 팔로워를 대상으로 어떤 커뮤니티 비즈니스를 구축할 수 있을까요? 저는 이것을 우리 지구가 속한 태양계를 빌려 와 설명합니다. 인플루언서를 태양이라고 하면, 그를 중심으로 여러 궤도에 팔로워들이 존재합니다. 태양에 가까운 수성, 금성, 지구 같은 위치에 있는 팬은 높은 로열티를 가진 핵심 지지층이고, 화성이나 목성처럼 멀리 떨어진 이들은 상대적으로 관계 밀도가 낮은 팔로워겠지요. 인플루언서는 이 중에서도 가장 가까운 궤도의 팬층, 즉 로열티가 높은 구성원들을 모아 긴밀한 커뮤니티를 만듭니다. 이들은 단순히 콘텐츠를 소비하는 수준을 넘어 적극적인 피드백을 주고, 굿즈나 프로그램을 구매하며, 새로운 프로젝트에 참여하죠.

예를 들어 야구는 누구나 좋아하는 대중 스포츠이지만 좋아하는 방식은 각기 다릅니다. 앞선 태양계 비유처럼 다양한 층위의 팬들이 존재합니다. 어떤 사람은 TV 중계를 통해 야구를 즐기고, 어떤 사람은 온라인 커뮤니티에서 정보를 공유하며, 또 어떤 사람은 직접 야구장을 찾아 경기를 관람합니다. 이들 중 현장을 찾는 팬들은 단순히 관람에 그치지 않고 응원 도구나 굿즈를 구매하고 음식을 즐기며 더 많은 비용을 지불합니다. 또 구단 운영에 대해 목소리를 내고 의견을 제시하기도 하죠. 높은 로열티와 지불 의사, 참여 의지를 가진 팬들입니다.

이런 맥락에서 야구단의 입장은 분명합니다. 이미 충성도가 높은 팬들의 열정을 유지시키는 동시에, 아직 거리가 있는 화성, 목성 같은 팬들이 점점 더 가까이 다가올 수 있도록 해야 하죠. 이를 위해 현장 관람의 즐거움을 꾸준히 알리고, 기존 팬들이 새로운 팬들에게 롤모델이 될 수 있도록 유도합니다. 팬 커뮤니티는 이 부분에서 중요한 역할을 합니다. 같은 팀을 응원하기 때문에 지향점이 같고, 서로에게 다양한 방식으로 영향을 미칩니다. 정보를 나누기도 하고, 함께 응원을 하기도 하고, 굿즈를 사고팔기도 합니다. 그렇게 해서 'TV로만 보는 팬'이 '야구장 관람객'으로, 또 '굿즈를 구매하는 팬'으로 성장할 수 있는 참여의 사다리를 만드는 것입니다.

이 구조는 단지 스포츠 팬덤에서만 적용되는 것이 아닙니다. 많은 브랜드의 고객군과 인플루언서 팔로워 역시 비슷한 구조를 가집니다. 중심에는 강한 로열티를 가진 핵심 팬 층이 있고, 그 외곽에는 관심은 있지만 상대적으로 거리가 먼 층이 존재하죠. 이런 구조를 이해하면, 어떤 고객과 어떤 관계를 만들어야 할지 손에 잡힙니다. 모든 고객에게 동일한 힘을 안배하는 건 효율적이지도 않고 효과적인 방법이 아닙니다. 로열티를 가진 고객들이 연결되어 신뢰가 형성되면 그들은 단순 소비자가 아니라 공동 창작자이자 공동 투자자가 됩니다. 이렇게 되면, 커뮤니티는 비즈니스에 좋은 영향을 미치게 됩니다. 로열티가 있는 고객은 더 많은 활동을 할 수 있도록 상황을 만들고, 이들을 참고해 더 많은 고객이 브랜드에 좀 더 가깝게 다가올 수 있는 길을 열어가야 합니다.

고객을 소비자가 아닌 파트너로 바라보기

이러한 변화의 배경에는 소셜미디어의 확산이 결정적인 역할을 했습니다. 과거에는 개인이 브랜드에 대해 긍정적인 이야기를 해도, 그것이 확산될 수 있는 경로가 제한적이었어요. 자신의 동네, 지인, 가족 정도에게만 전할 수 있었죠. 하지만 이제는 개인의 말 한마디도 전 세계로 쉽게 퍼질 수 있습니다. 이 지점에서 마케팅 관점의 중요한 개념이 등장해요. 바로 미디어의 세 가지 형태입니다.

먼저, 온드 미디어(Owned Media)가 있습니다. 온드 미디어는 기업이 직접 소유한 미디어입니다. 홈페이지, 공식 블로그, 인스타그램 계정 등 기업이 스스로 이야기를 전할 수 있는 채널이죠. 둘째는 페이드 미디어(Paid Media)입니다. 페이드 미디어는 돈을 지불하고 타인의 미디어를 빌리는 형태입니다. 방송, 신문, 잡지, 유료 광고 등이 여기에 속합니다. 과거에는 페이드 미디어가 주된 마케팅 수단이었습니다. MBC, KBS, SBS만 잡아도 전국 도달률이 80%를 넘던 시절이 있었으니까요. 셋째는 언드 미디어(Earned Media)입니다. 언드 미디어는 다른 사람이 자발적으로 만들어 주는 미디어입니다. 즉 고객이 브랜드를 이야기해 주는 것이죠. 이는 돈으로 살

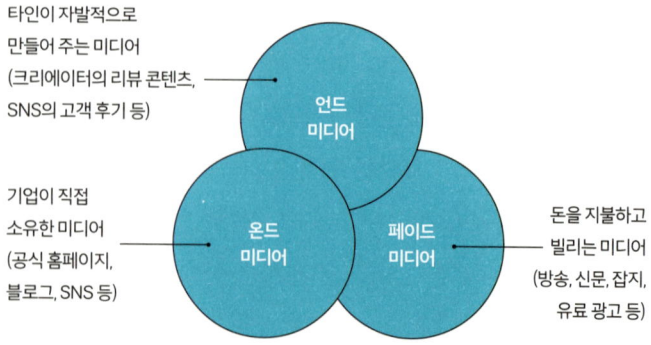

미디어의 세 가지 형태

타인이 자발적으로
만들어 주는 미디어
(크리에이터의 리뷰 콘텐츠,
SNS의 고객 후기 등)

언드
미디어

기업이 직접
소유한 미디어
(공식 홈페이지,
블로그, SNS 등)

온드
미디어

페이드
미디어

돈을 지불하고
빌리는 미디어
(방송, 신문, 잡지,
유료 광고 등)

수 없고, 신뢰로만 얻을 수 있습니다.

이제 기업이 아무리 거대한 광고를 해도 그것만으로는 도달률을 확보하기 어렵습니다. 유튜브, 틱톡 등 각종 플랫폼에서 콘텐츠가 쏟아지고 정보는 분산되죠. 결국 진짜 힘은 언드 미디어의 자발적 활동성에서 나옵니다. 사람들은 기업의 광고보다도 자신과 비슷한 고객의 후기나 인플루언서의 경험담을 훨씬 더 신뢰합니다. 특히 인플루언서나 유튜버처럼 특정 분야에 깊이 파고드는 '오타쿠형 소비자'들은 기업 내부자보다 더 전문적인 지식과 통찰을 가지고 있을 때도 있습니다. 어떤 유튜버는 기자보다 더 정확하고 풍부한 정보를 전하고, 어떤 제품 마니아는 개발자보다 더 빠르게 제품의 결함과 개선점을 찾아내죠.

그렇다면 기업 입장에서는 이들을 '우리 편'으로 만드는 것이 무엇보다 중요해집니다. 이들의 참여는 단순히 바이럴 효과를 만드는 것을 넘어, 제품 개선과 브랜드 고도화에 직접적인 도움을 줍니다. 그래서 요즘 기업들은 이런 고객들을 찾아내고, 연결하고, 동기를 유지할 수 있도록 다양한 커뮤니티 프로그램을 운영합니다. 이들만을 위한 이벤트를 개최하며 새로운 경험을 제안하기도 하죠. 이것은 단순한 마케팅 활동이 아니라, R&D 활동이자 관계 자산 구축 전략입니다.

과거 연간 1천만 원을 소비한 고객에게 제품 몇 개를 서비스로 제공한 캠핑 브랜드가 있습니다. 고객 보상이 평이했죠. 하지만 지금은 방식이 바뀌었어요. 일정 소비 금액을 달성한 고객들에게 "이번에 A 캠핑장에서 2박 3일 캠핑 행사를 엽니다. 모닥불도 있고, 전문 캠퍼의 특강도 있으며, 다른 고객들과 교류의 자리도 있습니다. 무료로 초대합니다."라고 제안하죠.

고객 입장에서 이런 초대는 거절하기 어렵습니다. 재미있고 의미 있는 동시에 새로운 사람을 만날 기회이기 때문입니다. 행사에 참여한 고객들은 브랜드에 대한 긍정적 경험을 쌓고, 그 경험을 자신의 블로그나 소셜미디어에 공유하며 또 다른 고객에게 확산시킵니다. 이 모든 과정이 고객의 미디어를 통해 대중에게 전달이 됩니다. 참여한 고객이 언드미디어 역할을 한 것이죠.

이러한 변화 속에서 고객을 단순한 '소비자'로 보는 관점은 더 이상 유효하지 않습니다. 이제 기업은 고객을 '파트너'로 상정해야 합니다. 이 프레임이 바뀌는 순간, 고객의 행동도 달라집니다. "감사합니다."에서 끝나는 관계가 아니라, "함께해 볼까요?"라는 제안으로 이어지는 관계가 되는 것이죠. 기업이 고객을 신뢰하고, 고객이 다시 기업에 피드백을 주는 순환 구조가 만들어집니다.

레고(LEGO) 역시 고객 커뮤니티를 운영하는 대표적인 기업 중 하나입니다. 레고는 레고® 아이디어(LEGO® Ideas)라는 커뮤니티를 운영하며, 고객이 직접 자신만의 창작물을 올릴 수 있도록 합니다. 그중 일부 아이디어는 실제 제품으로 개발되어 출시되기도 하죠. 고객 입장에서는 자신의 제안이 제품이 된다는 사실만으로 큰 자부심을 느끼고, 그 과정에서 또다시 브랜드에 대한 로열티가 강화됩니다. 이처럼 커뮤니티는 단순한 팬덤이나 고객 클럽이 아니라, 브랜드와 고객이 함께 가치를 만들어 가는 생태계입니다. 그리고 이 생태계 안에서 기업은 고객을 통제하려 하기보다, 기회를 제공하고 여지를 열어 두는 역할을 맡습니다.

커뮤니티 비즈니스, 피할 수 없다면 즐겨라!

물론 커뮤니티에도 리스크는 존재합니다. 비즈니스에 깊게 관여하는 고객은 브랜드의 강력한 옹호자이기도 하지만 반대로 불만이 생기면 더 큰 영향력을 가진 비판자가 되기도 하죠. 특히 브랜드의 오랜 팬이 경쟁 브랜드로 이동하면 그들의 팔로워와 팬덤도 함께 이동하는 현상이 벌어질 수 있습니다. 직원은 아니지만, 한때는 든든한 아군이었던 사람이 적진에 서게 되는 상황이 발생합니다.

그래서 기업은 고객과의 관계가 단절되지 않게 유지하고, 항상 피드백을 받을 수 있는 길을 열어 두는 것이 중요합니다. 과거처럼 완벽한 제품을 만들어 '짠!'하고 공개하는 방식은 이제 너무 느리고 위험합니다. 지금은 계속해서 고객의 맥락을 파악하고, 고객의 피드백 속에서 끊임없이 개선하고 대응해야 하는 시대입니다. 고객의 목소리를 무시하면 그 순간부터 브랜드의 쇠퇴가 시작되죠.

이제 진짜 경쟁은 같은 업계끼리 이루어지지 않아요. 넷플릭스와 야구가 경쟁하는 시대입니다. 사람들은 "4시간 동안 야구장에 갈까, 영화 두 편을 볼까?"를 놓고 고민합니다. 즉 브랜드의 경쟁 상대는 더 이상 동종업계가 아니라 고객의 시간과 관심입니다. 따라서 기업이 커뮤니티를 운영하는 이유는 단순한 로열티 확보가 아닙니다. 고객의 시간 안에 머무르는 힘, 그리고 함께 성장하는 관계 자산을 구축하기 위한 전략적 선택입니다.

커뮤니티 비즈니스의 유형

최근 들어 커뮤니티로 돈을 벌고 싶다는 이야기를 자주 듣습니다. 인플루언서 시대가 되면서 개인들이 자신만의 커뮤니티를 만들고, 이를 통해 수익을 내고자 하는 욕망이 커진 것입니다.

그러나 커뮤니티 자체로 돈을 버는 일은 결코 쉽지 않습니다. 가장 큰 이유는 커뮤니티가 '관계 비즈니스'이기 때문입니다. 관계는 돈이나 자원만으로 유지되지 않아요. 연인 관계를 떠올리면 이해하기 쉽습니다. 아무리 비싼 선물을 주더라도, 그때의 기분은 잠시뿐입니다. 오히려 함께한 경험, 쌓인 시간, 서로에 대한 신뢰가 관계를 단단하게 만들죠. 커뮤니티도 마찬가지입니다. 운영자가 아무리 많은 혜택을 제공하더라도, 구성원들이 그 속에서 의미 있는 경험을 하지 못하면 관계는 금세 식습니다. 커뮤니티의 가치는 물질적 보상보다 '시간, 진심, 노력'이라는 비가시적 자산에서 비롯되기 때문이에요.

그럼에도 불구하고 최근 활발해진 커뮤니티 비즈니스를 제대로 이해하고 활용하고 싶다면, 먼저 '직접 커뮤니티 비즈니스'와 '간접 커뮤니티 비즈니스'로 나누어지는 커뮤니티 비즈니스 유형을 이해할 필요가 있습니다.

직접 커뮤니티 비즈니스

직접 커뮤니티 비즈니스란 참가비를 내야만 참여할 수 있는 커뮤니티 모델을 말합니다. 우리가 잘 아는 트레바리, 넷플연가, 문토, MKYU 등이 직접 커뮤니티 비즈니스예요. 이 커뮤니티들은 모두 일정 금액을 지불하고 멤버로 참여하는 방식입니다. 금액을 지불하면 정해진 기간 동안 회원으로 활동하며 네트워킹, 프로그램, 콘텐츠 등의 혜택을 누릴 수 있죠.

이 모델의 핵심은 돈을 내는 순간 기대가 생긴다는 점입니다. 금액의 크기와 관계없이, 돈을 지불한 사람은 그만큼의 만족을 원합니다. 그래서 직접 커뮤니티 비즈니스에서는 기대 관리가 무엇보다 중요합니다. 운영자가 아무리 성실히 준비해도, 참가자 입장에서는 "이 정도 돈 냈는데 이게 다야?"라는 생각이 들기 쉽기 때문이에요. 이 때문에 한국에서 직접 커뮤니티 비즈니스 구조만으로 수익을 내는 커뮤니티는 의외로 많지 않습니다.

그나마 안정적인 수익을 내는 곳은 주식 스터디 커뮤니티, 마케팅 스터디 커뮤니티 등 학습형 커뮤니티입니다. 여기 참여자들은 뚜렷한 목표가 있습니다. 학습형 커뮤니티는 그 목표를 완성하는 데 도움을 주죠. 그렇기에 유료일지라도 꾸준히 비즈니스가 이어지고 있습니다.

'지피터스(GPTERS)'에서 운영하는 유료 커뮤니티 'AI스터디'가 대표적인 예입니다. AI스터디는 말 그대로 AI를 학습하기 위한 커뮤니티로, 5주 단위로 운영되며 한 기수에 약 2~300명의 참여자가 모입니다. 이들은 참여자들에게 커뮤니티 지향형 서비스를 제공합니다. 회사가 일방적으로 프로그램을 주도하지 않고, 구성원이 스스로 소모임을 만들고 운영할 수 있도록 유도하죠. 각 소모임 역시 리더가 앞서서 이끄는 것이 아니라, 구성원들이 함께 참여하며 발표하고 공유하는 방식으로 운영됩니다.

이는 멤버 간 상호작용을 잘 살려낸 사례입니다. 멤버들끼리 서로 영향력을 주고받는 경험을 하니, 활동이 끝난 뒤에도 자발적으로 새로운 모임을 만들어 지속적인 네트워크를 유지하죠. 결과적으로 이들은 커뮤니티를 통해 학습 이상의 가치를 얻고, 그 경험이 또 다른 참여자들을 불러들이는 선순환이 만들어집니다. 지금 시대에 가장 필요한 주제를 설정하니, 시대를 쫓아가기 위해 학습하기를 원하는 사람들이 모여들기 시작한 것입니다. 시대의 흐름과 개인의 욕망을 절묘하게 결합한 좋은 커뮤니티 비즈니스 모델입니다.

트레바리나 넷플연가 같은 소셜 클럽형 커뮤니티도 있습니다. 우리에게 가장 익숙한 커뮤니티 비즈니스 모델이죠. 다만 소셜 클럽형 커뮤니티 비즈니스는 탄탄한 경영 철학과 가치가 받쳐 주지 않는 이상 지속적으로 수익을 내고 확장하기가 쉽지 않습니다. 특히 코로나 팬데믹 시기에는 오프라인 기반의 많은 소셜 클럽형 커뮤니티가 재정적으로 어려움을 겪으며 사라지거나 축소되었죠. 이들 중 일부만이 생존했는데, 이는 참여자의 니즈를 잘 파악해 만족도를 높이는 운영력이 뛰어났거나 브랜드 가치가 높았기 때문이었습니다.

소셜 클럽형 커뮤니티로 수익을 내는 것이 쉽지 않은 이유는 아직까지 한국의 경우 낯선 만남에 부담을 가지는 사람들이 많기 때문입니다. 물론 점점 가벼운 만남을 즐기는 사람들이 늘고 있지만, 여전히 매일 같이 네트워킹 파티가 열리고 모르는 사람과 가볍게 대화를 나누는 것이 자연스러운 외국에 비해서는 보수적입니다. 새로운 사람을 만나는 데 신중하고 검증 절차를 중요하게 여기는 분위기가 강해요. 여기에 더해 큰 플랫폼에서 운영하는 커뮤니티 대신 개인이 운영하는 작은 규모의 커뮤니티로 점점 세분화되고 있는 흐름도 소셜 클럽형 커뮤니티만으로 수익을 내는 것이 쉽지 않은 이유입니다.

습관 형성 커뮤니티 같은 관리형 커뮤니티도 있습니다. 밑미(Meet Me)가 대표적 사례입니다. 일정한 금액을 지불하면 특정 기간 동안 꾸준히 수행한 것을 인증하고, 서로 다독이며 목표를 향해 나아가도록 돕는 커뮤니티입니다. 이러한 커뮤니티는 지금은 잘 운영되고 있고 독보적으로 보이기도 하지만, 나중에 유사한 서비스가 치고 들어오거나 트렌드가 변하는 순간 흔들릴 여지가 많습니다. 특히 소비자가 꾸준히 이용하도록 하기 위해 운영자가 지속적으로 많은 시간과 노력을 들여야 해요. 비용을 지불하고 참여하는 커뮤니티인 만큼, 양질의 서비스를 제공받지 못한다고 느껴지면 금방 알아채고 떠납니다. 실제 이런 목표달성형 커뮤니티는 코로나 시기에 정점을 찍은 후, 코로나 이후엔 성장세가 많이 꺾였습니다. 서비스를 종료하거나 피보팅(Pivoting)*을 시도한 사례들이 있습니다.

결국 직접 커뮤니티 비즈니스는 지속가능성은 있지만 확장성에는 한계가 있는 모델입니다. 실제로 커뮤니티를 운영한다고 가정해 볼까요? 한 달에 3만 원을 내는 30명 규모의 커뮤니티를 운영한다고 가정하면, 월 매출은 90만 원입니다. 90만원으로 이들에게 3만 원 이상의 가치를 지속적으로 제공하며 수익까지 내기란 쉽지 않습니다. 참가비 이상의 '경험적 만족'을 주지 못하면 사람들은 금세 이탈하기 때문이죠. 오직 커뮤니티 하나로 수익을 내는 비즈니스를 지속하기란 이렇게 생각보다 어렵습니다.

---

* 급변하는 시장 환경, 고객 피드백, 기술 발전 등에 대응하여 스타트업이나 기업이 핵심 비전은 유지한 채 사업 모델, 제품, 전략을 유연하게 전환하는 것을 뜻한다.

소셜 클럽형 커뮤니티가 보여 주는 '운영의 묘'

소셜 클럽형 커뮤니티는 수익화가 까다로운 모델이라고 이야기 했지만, 어려울 뿐 사실 매우 유의미한 커뮤니티입니다. 비즈니스적으로 손쉽게 수익을 내지 못할 수는 있어도, 그 과정에서 보여 주는 정교한 운영 방식은 많은 커뮤니티 운영자에게 큰 영감을 제공하죠. 또한 그런 노하우를 기업에 판매하기도 합니다. 기업과 콜라보를 통해 커뮤니티 비즈니스를 확장하는 거죠. 트레바리는 롯데백화점과, 밑미는 LG전자와 협업을 진행하기도 했습니다. 참여자들과 어떤 방식으로 소통하고, 노쇼를 어떻게 방지하며, 어떤 루틴과 서비스로 구성원들이 자연스럽게 활동을 이어 가게 만드는지 등 참고하면 도움이 될 운영 방식이 많습니다.

예를 들어 트레바리는 독후감이라는 문턱을 두어 참여 의지를 가진 사람만 모이게 하는데, 이 독후감을 제출한 인원수에 따라 매 모임마다 공간 배정을 달리 합니다. 첫 모임에는 넓은 공간을 쓰지만, 이후에는 독후감을 제출한 정확한 인원을 계산해 가장 적절한 공간으로 조정하는 식이죠. 같은 장소에 고정되지 않고, 매번 최적화된 공간으로 배정하는 이 방식은 효율적인 소셜 커뮤니티 운영의 묘 중 하나입니다.

넷플연가 역시 독특한 운영 방식을 보여 줍니다. 넷플연가의 모임에 참가하는 사람은 사전에 스태프와 함께 온라인 인터뷰를 진행해야 합니다. 단순한 가입 절차가 아니라 '왜 이 모임에 참여하고 싶은지'를 묻는 깊이 있는 대화가 이루어지죠. 이런 과정은 누구나 쉽게 실행할 수 있는 방식이 아니기 때문에 더욱 특별합니다. 이들은 '필터링된 멤버들이 모여 있다.'라는 메시지를 전달하기 위해 인터뷰를 적극적으로 활용하고 있으며, 이것이 커뮤니티의 질을 유지하는 중요한 기제가 되고 있습니다.

참여자 경험을 중심으로 한 세심한 운영, 적절한 장치를 통한 참여 유지, 시스템화된 프로세스, 그리고 구성원을 정교하게 선별하는 방식까지! 결국 트레바리와 넷플연가 같은 소셜 클럽형 커뮤니티들은 수익성과 별개로, 오늘날 커뮤니티 시대에 필요한 운영 기술과 인사이트를 매우 풍부하게 보여 줍니다. 어떤 형태든, 커뮤니티를 운영하고자 하는 사람들에게 실질적인 사례와 힌트를 제공하는 중요한 모델입니다.

간접 커뮤니티 비즈니스

간접 커뮤니티 비즈니스는 커뮤니티를 비즈니스의 '목적'이 아니라 '수단'으로 활용하는 방식입니다. 즉 커뮤니티 자체로 돈을 버는 것이 아니라 커뮤니티를 통해 브랜드 가치나 제품 판매, 서비스 확산 등의 비즈니스적 효과를 간접적으로 얻는 구조죠. 브랜드 팬 커뮤니티, 프로덕트 사용자 커뮤니티, 창작자 네트워크 등이 이에 해당합니다.

간접 모델의 장점은 직접 모델보다 지속하기 쉽다는 것입니다. 수익 부담이 덜하거나 없기 때문입니다. 커뮤니티가 직접적인 수익을 내지 않더라도, 구성원들이 브랜드에 대한 애착과 신뢰를 쌓으면서 장기적인 고객 관계로 이어집니다. 또한 운영자의 부담이 상대적으로 덜합니다. 참여자가 기대하는 가치가 금전적 보상보다는 공감, 관계, 정체성에 있기 때문입니다.

저는 커뮤니티를 만들고자 하는 분에게 곧바로 직접 비즈니스를 시작하기보다 간접 비즈니스로 시작하는 것을 권합니다. 실제로 대부분의 커뮤니티는 간접 비즈니스 커뮤니티의 형태를 취하고, 운영의 측면에서도 간접 비즈니스 커뮤니티가 훨씬 수월해요. 이 관점에서 보면 "내가 꼭 커뮤니티로 직접 돈을 벌어야 하는 것은 아니구나"라는 부담감을 떨치고 비즈니스를 위한 다양한 가능성을 발견할 수 있습니다.

간접 커뮤니티 비즈니스는 크게 네 가지 유형으로 구분됩니다. 이어서 각 유형별 특징을 살펴보겠습니다.

ⓞ 커뮤니티 for 비즈니스

첫 번째 유형은 커뮤니티 for 비즈니스, 비즈니스를 위한 커뮤니티입니다. 대부분의 기업들이 사용하는 전략이기도 하죠. 비즈니스의 성장을 돕기 위해 고객 커뮤니티를 의도적으로 구축하는 형태입니다.

물론 가장 이상적인 형태는 고객들이 자발적으로 커뮤니티를 만드는 것입니다. 할리데이비슨 오너스 그룹(HOG, Harley-Davidson Owners Group)이 대표적인 사례예요. 할리데이비슨 오너스 그룹은 회사가 판을 깔고 고객이 주도해 운영되는 고객 커뮤니티의 대명사입니다. 고객들의 자발성이 이렇게 오랜 시간 발현되며 커뮤니티가 이어져 온 브랜드는 극히 드뭅니다. 이것이 가능하려면 강력한 철학과 독특한 정체성을 가지고 있어야 해요. 컬트적 성향이나 교주형 리더십이 존재하는 경우도 있습니다. 애플이나 테슬라처럼 말이죠.

대부분의 브랜드는 이런 자발성을 기대하기 어렵기 때

문에, 마이크로소프트의 MVP(Most Valuable Professional) 커뮤니티처럼 고객층 중 일부를 의도적으로 선발해 커뮤니티를 만들고 관리합니다. 마이크로소프트 MVP 멤버가 되면, 마이크로소프트의 제품을 먼저 경험할 권리를 갖습니다. 새로운 제품이나 서비스가 출시될 때 가장 먼저 사용해 보고, 공식 공개 시점에 맞춰 누구보다 빠르게 리뷰를 올리죠. 그 리뷰는 검색에서 우선 노출됩니다. 자연스럽게 IT 분야에서 영향력을 키울 수 있습니다. 더해 MVP 커뮤니티의 일원이라는 것이 하나의 스펙이 되기도 합니다.

기업 입장에서도 자연스러운 브랜드 홍보 효과를 기대할 수 있습니다. 특히 이런 형태의 커뮤니티는 돈을 직접 벌지 않아도 브랜딩·마케팅·R&D·HR 등 기업의 여러 활동에서 실질적인 도움을 줍니다. 커뮤니티 멤버에게 제품 피드백을 받아 개선할 수도 있고, 커뮤니티 운영을 통해 멤버뿐만 아니라 그들을 모델로 삼는 고객, 잠재 고객의 브랜드 충성도까지 높일 수도 있습니다. 심지어 활발한 멤버를 채용 대상으로 삼을 수도 있죠. 레퍼런스 체크와 면접을 통해 실력은 확인할 수 있어도 기업의 톤앤매너와 잘 맞는지 체크하기는 어렵습니다. 그러나 오랜 시간 커뮤니티 활동을 함께한 사람이라면 태도와 성향을 확인하기 충분하죠. 실제로 나이키 러닝 클럽이나 스포츠 커뮤니티에서 해당 브랜드의 직원이 된 사람들도 많습니다. 채용에 들어가는 비용과 시간을 절약할 수 있는 것입니다.

이처럼 커뮤니티 for 비즈니스는 그 자체로 수익이 있기보다는 기업이 돈을 아끼고 브랜드를 강화하도록 돕는, 매우 실질적인 비즈니스 자산이 됩니다. 즉 '돈을 버는 커뮤니티'가 아니라 '돈을 절약하고 브랜드를 키우는 커뮤니티'입니다.

❷ 커뮤니티 forward 비즈니스

두 번째는 커뮤니티 forward 비즈니스, 비즈니스를 향한 커뮤니티입니다. 이 방식은 주로 스타트업에서 많이 나타납니다. 스타트업은 초기부터 명확한 수익 모델을 가지고 시작하지 않습니다. 대부분 IT 기반인만큼 업데이트와 업그레이드가 가능하기 때문에 조금씩 비즈니스를 성장시키죠. 그래서 주로 커뮤니티와 콘텐츠를 먼저 만들고, 그 안에서 얻은 피드백을 기반으로 제품과 서비스를 발전시켜 나갑니다. 대표적인 사례가 오늘의집, 무신사, 프립 같은 플랫폼입니다. 이들은 처음부터 커머스에 집중한 플랫폼으로 출발하지 않았어요. 오늘의집은 인테리어 콘텐츠 커뮤니티였고, 무신사는 스니커즈 사진을 공유하는 커뮤니티였으며, 프립은 액티 비티를 함께하는 사람들의 모임에서 시작되었죠.

이런 커뮤니티들은 처음에는 수익이 나지 않지만 사용자의 욕망과 관심을 캐치해 모으고, 불편 사항을 개선하는 과정 속에서 점점 비즈니스 가능성을 만들어 갑니다. 그렇게 서로 비슷한 것들을 공유하는 사람들이 점점 모이다가 어느 순간, 커뮤니티에 자연스럽게 '커머스'가 붙습니다. 그래서 '콘텐츠(Content) + 커뮤니티(Community) + 커머스(Commerce)'라는 3C 구조가 스타트업의 전형이 된 것이기도 합니다. 결국 커뮤니티 forward 비즈니스는 지금 당장 돈을 버는 구조가 아니라, 커뮤니티를 통해 비즈니스의 미래 가능성을 키워 가는 모델이라고 볼 수 있습니다.

❸ 커뮤니티 pre 비즈니스

세 번째는 커뮤니티 pre 비즈니스, 비즈니스에 앞선 커뮤니티입니다. 이 유형은 아직 명확한 비즈니스 모델이 없는 개인이나 소규모 그룹에서 많이 나타납니다. 예를 들어 러닝 크루나 마케터 모임, 스터디 모임처럼 비슷한 취향, 관심, 욕구를 가진 사람들이 모이는 경우가 여기에 해당합니다. 커뮤니티 forward 비즈니스는 비즈니스 목적이 강하지만 이건 꼭 그렇지 않아요. 비즈니스로 풀리면 좋을 일이지만 그렇지 않아도 된다는 마음으로 선택의 폭을 넓게 가집니다.

이들은 아직 돈을 벌기 위한 구체적인 사업안은 없지만, 그 안에서 새로운 아이디어와 기회를 실험합니다. 커뮤니티가 일종의 테스트베드(Testbed) 역할을 하는 것이죠. 이 안에서는 시도하고 실패하는 경험이 자연스럽고, 때로는 커뮤니티의 반응을 보며 사업 아이템이 탄생하기도 합니다. 그래서 이 구조는 리스크가 적고 방향 전환(피보팅)이 자유롭습니다. 특히 개인 크리에이터나 인플루언서에게 매우 적합해요. 처음에는 단순히 자신의 관심사나 취향을 공유하다가 어느 순간 사람들이 몰리면, 그 흐름을 기반으로 교육, 클래스, 제품, 브랜드로 전환되는 경우가 많습니다.

일례로 '떡볶이의 모든 것'이라는 네이버 카페가 있습니다. 이 카페는 떡볶이를 좋아하는 이들이 모인 커뮤니티죠. 카페 운영자인 김관훈 님은 처음부터 비즈니스를 의도하진 않았습니다. 떡볶이 맛집 정보와 레시피 등을 공유하고, 떡볶이 번개가 카페의 메인 활동이었습니다. 그러다 사업을 시작하게 되었죠. 그게 지금 전 세계 11개국 415개 매장으로 성장한 두끼 떡볶이입니다. 이 외에도 실로 다양한 커뮤니티가 비즈니스의 가능성을 품고 운영 중입니다.

◉ 커뮤니티 by 비즈니스

마지막 네 번째는 커뮤니티 by 비즈니스, 비즈니스를 경유하는 커뮤니티입니다. 특정 교육, 프로젝트, 이벤트 등의 활동을 '함께 통과한 사람들'이 그 이후에도 관계를 이어가며 형성하는 커뮤니티예요. 예를 들어 교육 프로그램을 수강한 사람들이 수료 후에 자연스럽게 네트워킹을 이어 가며 형성된 알럼나이(Alumni) 커뮤니티가 여기에 해당합니다. 교육이 끝난 뒤에도 사람들 간 유대가 유지되고, 이 관계를 기반으로 새로운 협업이나 프로젝트, 나아가 비즈니스 기회가 생겨나는 거죠. 즉 특정 프로그램이나 프로젝트가 비즈니스의 '경로'로 작동하는 커뮤니티입니다. 이 방식은 교육기관이나 기업 입장에서 보면 한 번의 관계를 장기적 관계로 전환해 지속가능한 네트워크 자산으로 만드는 효과가 있습니다.

커뮤니티 비즈니스는 단순히 회원이 돈을 내는 직접 커뮤니티 비즈니스의 구조로만 존재하지 않습니다. 실제로는 간접 커뮤니티 비즈니스도 훨씬 더 다양하게 존재해요. 비즈니스를 위해 커뮤니티를 운영할 수도 있고(for), 커뮤니티를 기반으로 비즈니스를 향해 나아갈 수도 있으며(forward), 커뮤니티를 통해 비즈니스 아이디어를 탐색할 수도 있고(pre), 기

커뮤니티 비즈니스의 유형

직접 커뮤니티 비즈니스	
· 참가비를 내야만 참여할 수 있는 커뮤니티 모델	
· 트레바리, 넷플연가, 문토, MKYU 등	
· 학습형, 소셜 클럽형, 관리형 등의 유형이 존재	
간접 커뮤니티 비즈니스	
커뮤니티 for 비즈니스	· 비즈니스를 위한 커뮤니티 · 돈을 직접 벌지 않아도, 브랜딩·마케팅·R&D·HR 등 기업의 여러 활동에서 실질적으로 도움이 됨 · 마이크로소프트 MVP 등
커뮤니티 forward 비즈니스	· 비즈니스를 향한 커뮤니티 · 커뮤니티를 통해 비즈니스의 미래 가능성을 키워가는 모델 · 오늘의집, 무신사, 프립 등 주로 스타트업에서 많이 나타남
커뮤니티 pre 비즈니스	· 비즈니스에 앞선 커뮤니티 · 돈을 벌기 위한 구체적인 비즈니스는 없지만, 그 안에서 새로운 아이디어와 기회를 실험함 · 개인 크리에이터나 인플루언서 커뮤니티 등
커뮤니티 by 비즈니스	· 비즈니스를 경유하는 커뮤니티 · 특정 교육, 프로젝트, 이벤트 등의 활동을 '함께 통과한 사람들'이 그 이후에도 관계를 이어 가며 형성하는 커뮤니티 · 알럼나이 커뮤니티 등

존 비즈니스 과정에서 커뮤니티가 자연스럽게 파생될 수도 있죠(by). 이 네 가지 길을 알고 있으면 자신이 만들고 싶은 커뮤니티 경로를 설정해 볼 수 있습니다.

저도 커뮤니티 비즈니스 중 간접 방식 모델의 도움을 많이 받았습니다. 기획과 운영에 함께했던 '낯선대학'을 비롯해 '100일 프로젝트', '월간마라톤' 등은 지금의 제 비즈니스의 기반이 되어 주었습니다. 그래서 저는 커뮤니티 비즈니스가 모두 직접 방식 모델일 필요가 없다고 말합니다. 핵심은 '적절한 거리감'을 유지하면서, 커뮤니티가 비즈니스에 도움이 되는 구조를 만드는 것입니다. 사람들에게 일일이 돈을 받고 모임을 열거나, 에너지와 시간을 모두 쏟아 퍼포먼스를 내려고 애쓸 필요가 없다는 뜻입니다. 커뮤니티를 간접적인 방식으로 활용해도 충분히 비즈니스를 성장시킬 수 있죠. 그리고 간접 비즈니스로 시작했다가 직접 비즈니스로 전환할 수도 있습니다. 간접 비즈니스로 리스크를 줄이고 테스팅을 하다 트랙을 옮기는 것입니다. 당장 돈을 벌지 않더라도, 여러 레이어 속에서 비즈니스에 지속적인 힘을 주는 구조를 설계한다면 그 자체로 훌륭한 커뮤니티 비즈니스가 될 수 있어요. 이런 관점의 전환만으로도 이미 커뮤니티 비즈니스를 잘 알고 있는 셈입니다.

커뮤니티 4.0과
리더십의 미래

앞서 커뮤니티 1.0부터 4.0까지 살펴 보았습니다. 이번에는 1.0부터 4.0까지 흐름을 간단히 정리하며, 리더십 관점에서 커뮤니티가 주는 인사이트를 이야기 하려 합니다. 이것만으로도 세상의 변화를 조금 더 실감할 수 있습니다.

예전에는 커뮤니티를 선택할 때 리더보다 자신이 통과한 과거나 소속된 이름값이 더 중요했습니다. 학교, 직장, 동문, 향우회 같은 이름이 곧 신뢰의 보증서였죠. 이게 바로 커뮤니티 1.0의 시대였습니다. 그다음 단계인 2.0 시대에는 이름값보다 주제나 콘셉트가 중요했습니다. 사람들은 "무엇을 다루는 모임인가?" "이 커뮤니티의 핵심 키워드는 무엇인가?"를 보고 참여를 결정했습니다. 1.0이 '이름값의 시대'였다면, 2.0은 '콘셉트의 시대'였던 셈이죠.

지금은 어떨까요? 커뮤니티 4.0이 등장하기는 했지만, 우리는 여전히 커뮤니티 3.0 시대를 통과하고 있습니다. 그래서 사람들은 커뮤니티를 선택할 때 '리더'의 영향력을 중요하게 봅니다. 수많은 소규모 커뮤니티가 생겨나면서, 이제는 주제나 콘셉트만으로는 차별화가 어렵기 때문입니다. 유사한 주제의 커뮤니티가 많아지면서, 대중은 소셜미디어 등 다양한 채널에 투영된 리더의 태도와 가치관을 살피기 시작했습니다. '이 모임을 이끄는 사람은 누구인가?' '함께할 가치가 있는 인물인가?'를 가늠하게 된 것이죠.

결국 리더 혹은 운영진의 '진정성'과 '전문성'이 곧 커뮤니티의 품격을 보증합니다. 따라서 '매력적인 리더십의 존재 여부'는 커뮤니티 운영과 성패에 영향을 미치는 중요한 축입니다. 브랜드가 사람들에게 견고한 신뢰를 주고 있다면, 커뮤니티에 대한 심리적 문턱은 한층 낮아집니다. 사람들이 "이 브랜드는 믿을 수 있어."라는 생각 하나로 참여를 결정하니까요.

그렇다면 커뮤니티 4.0 시대는 어떨까요? 리더가 사라지는 것이 아니라, 역할과 영향력이 줄어들 것입니다. 리더가 고정된 자리가 아니라 돌아가며 맡을 수 있는 역할이 되는 거죠. 초등학교 시절 매달 반장을 바꾸듯이, 커뮤니티에서도 "이번 달은 A가 리더, 다음 달은 B가 리더"처럼 운영되는 것입니다. 이 방식은 리더십이 훨씬 유연하고 접근 가능한 형태로 바뀌는 것을 의미합니다.

커뮤니티 4.0 시대에는 리더 대신 '자신이 이 커뮤니티에서 얻을 수 있는 혜택'을 기준으로 커뮤니티를 선택하게 될 것입니다. 즉 참여를 통해 어떤 보상을 얻을 수 있는지, 나의 활동이 어떻게 인정받는지가 핵심이 됩니다. 이건 단순히 물질적 보상만이 아니라, '나의 기여가 공정하게 평가되고 내 몫이 돌아오는 구조'가 중요하다는 뜻입니다.

3.0 커뮤니티에서도 리더가 나름대로 구성원들의 기여를 판단하고 인

정해 주려고 하지만, 공정하게 판단하기 어렵습니다. 리더에게 잘 보이면 더 많은 기회를 얻는 식의 정치적인 구조가 되기 쉽죠. 기여를 측정할 수 있는 시스템이 많지 않았기 때문입니다. 하지만 점차 블록체인 같은 기술이 발전하면서 각자의 활동이 객관적으로 기록되고 공유되는 시스템이 등장하고 있습니다. 이런 기술은 4.0 커뮤니티를 가능하게 만드는 핵심 기반이 됩니다.

지금 세대가 원하는 가치가 바로 커뮤니티 4.0 가치와 통합니다. 사람들은 이제 '자신이 한 만큼의 보상'을 원합니다. 단순히 시간이나 연차, 나이로 평가받기보다 얼마나 기여했는가를 기준으로 평가받는 것이 옳다고 믿죠. 예전에는 경력과 연차가 리더십의 근거였다면, 이제는 공정한 보상 구조와 투명한 시스템이 리더십의 핵심으로 바뀌고 있습니다.

기업도 마찬가지입니다. 젊은 세대가 이런 구조를 당연하게 여기고 공정함을 정의로 받아들이는 만큼, 조직 역시 기존의 경직된 리더십을 유지할 수 없습니다. 기업이 능력 있는 젊은 세대를 받아들이고 성장하려면 그들이 중요하게 여기는 가치와 시스템을 유연하게 수용해야 합니다. 즉 커뮤니티 4.0으로의 전환은 단순히 리더가 사라지는 구조가 아니라 공정성과 참여, 그리고 기술을 기반으로 한 새로운 리더십의 시대로 가는 과정이라고 볼 수 있습니다.

2장
커뮤니티 만들기

커뮤니티는
무엇일까?

요즘은 '커뮤니티'라는 단어가 너무 흔하게 쓰이다 보니, 정작 "커뮤니티가 뭐예요?"라고 물으면 쉽게 대답하지 못하는 경우가 많습니다. 익숙한 단어지만, 제대로 정의하려고 하면 갑자기 막막해지는 거죠. 하지만 커뮤니티의 핵심 특징을 이해하면 우리가 무엇을 커뮤니티라고 부를 수 있는지 훨씬 명확해집니다.

첫째, 두 명 이상

커뮤니티는 혼자서는 성립되지 않습니다. 기본 단위가 '두 명 이상'이에요. 두 사람이 모이면 커뮤니티 최소 단위가 만들어지는 셈입니다. 인원수 제한은 없습니다. 단, 인원이 늘어날수록 관계망이 복잡해지고 경계는 낮아집니다. 누구나 쉽게 드나들 수 있는 구조가 되죠. 반대로 인원이 적으면 그만큼 밀도는 높고 관계의 진입 장벽도 높습니다.

커뮤니티 기본 단위가 두 명이라는 점을 설명할 때 제가 자주 드는 예시가 있습니다. 바로 김하나 작가와 황선우 작가가 함께 쓴 《여자 둘이 살고 있습니다》*라는 책입니다. 두 분은 우정의 연대로 함께 살고 있습니다. 연인 사이는 아니죠. 가족도 아닙니다. 같은 나이에, 고양이를 좋아하는 등 취향이 비슷하고 관심사도 겹치는 게 많습니다. 물론 각자 잘하는 것이 있고 서로 다른 부분도 있겠지요.

제가 볼 때 이들은 최소 규모의 커뮤니티입니다. 둘 이상이 모였고, '혼자 사는 것보단 함께 살면 더 좋을 거야.'라는

---

* 김하나·황선우, 《여자 둘이 살고 있습니다》, 위즈덤하우스, 2019

같은 지향점(목적)을 가지고 살림살이를 뭉쳤거든요. 그들은 집안일을 구분해 역할을 나눴습니다. 커뮤니티로 따지면 프로그램과 같습니다. 멋진 파트너십을 만든 거죠. 물론 언제까지 함께하자는 기간은 정하지 않았습니다. 앞으로 다양한 변수가 있을 수 있지만 그건 그때 가서 생각하기로 한 거죠. 둘만으로도 이렇게 멋진 커뮤니티가 만들어질 수 있습니다.

함께 산다는 안정감, 혼자 살 때는 선택하기 어려운 환경(욕조, 거실 등), 서로의 생활을 공유하면서 확장되는 활동 반경 등… 이 모든 것이 커뮤니티가 주는 혜택이 됩니다. 이처럼 커뮤니티의 최소 조건은 두 명 이상이 같은 지향점을 공유하고, 서로 영향을 주고받는 관계입니다.

물론 이상적인 조화는 두 명이 만났을 때 이끄는 사람인 '스타터(Starter)'와 그를 따르는 '퍼스트 팔로워(First Follower)'가 존재하는 것이지만, 꼭 스타터와 팔로워로 구분될 필요는 없습니다. 같은 가치관을 공유하는 두 명이 모이면 일단 커뮤니티를 만들 수 있는 조건이 충족돼요. 커뮤니티를 어렵게 생각할 필요가 없습니다.

둘째, 공통의 지향점

단, 둘 이상이 모였다고 해서 모두 커뮤니티가 되는 것은 아닙니다. 같은 방향을 바라보는 지향점이 있어야 해요. 지향점이란 '이 모임이 왜 존재하는가' '우리가 함께하려는 이유가 무엇인가'에 대한 합의이자 커뮤니티의 콘셉트, 주제입니다. 이 지향점은 퍼스트 팔로워를 비롯해 새로운 멤버를 찾는 기준점이기도 합니다. 아무나 만나 '뭔가를 해 보자!'라고 할 수는 없는 노릇이니까요. A라는 지향점이 있다면 그것에 관심 있는 팔로워를 찾거나 만나야 합니다. 주제가 없는 대화나 단순히 스쳐 가는 만남은 커뮤니티가 아닙니다. 하지만 '비건 지향 생활을 함께 나누자' 'AI를 함께 공부해 보자' '책을 통해 삶을 확장해 보자'와 같은 명확한 지향이 있다면, 그 안에서 커뮤니티적 관계가 형성됩니다.

이때 중요한 건 모두가 100% 같은 생각을 해야 하는 건 아니라는 것입니다. 커뮤니티 안에는 다양한 생각이 공존합니다. 다만 그 다양성이 하나의 주제나 목적 안에서 조화를 이루는 구조죠. 서로 다른 생각과 경험이 있는 사람들이 하나의 콘셉트 아래 모였다고 생각하면 됩니다.

셋째, 상호 영향력

세 번째 핵심은 상호 영향력입니다. 커뮤니티는 구성원들이 서로 영향을 주고받을 때 비로소 살아 움직입니다. 예전의 커뮤니티는 한 명의 리더가 모든 방향을 제시하고 나머지는 그를 따르는 탑다운 구조였지만, 지금의 커뮤니티는 훨씬 더 수평적입니다.

이것을 가족 관계로도 설명할 수 있습니다. 부모와 아기처럼 일방적인 관계에서는 커뮤니티적 가치가 생기기 어렵습니다. 아기는 분명히 존재감이 있지만, 갓난아기가 부모의 생각을 전환할 수 있는 영향력을 미치는 경우는 많지 않으니까요. 하지만 아이가 자라서 자기 생각이 생기고, 부모와 의견을 주고받기 시작하면 그때부터는 하나의 커뮤니티가 됩니다. 즉 커뮤니티는 '일방적인 돌봄'이 아니라 '서로의 성장과 변화를 자극하는 관계'입니다.

커뮤니티를 만든다고 했을 때, 상대적으로 '두 명 이상'과 '공통의 지향점'이라는 조건을 충족하기는 쉽습니다. 하지만 '상호 영향력'을 주고받을 수 있는 커뮤니티를 설계하는 것은 단순하지 않아요. 커뮤니티가 진짜 커뮤니티의 가치를 가지고 폭발력을 가지려면 "우리 이런 활동을 할 거예요"

정도의 설계에서 멈추면 부족합니다. 멤버들이 서로에게 어떤 영향을 주고받을 수 있을지에 대한 고민이 필요해요.

예를 들어 오늘의집의 오하우스는 마이크로 인플루언서들이 중심이 되었습니다. 이들은 커뮤니티 속에서 단순히 브랜드 리워드를 받는 것에서 나아가 서로를 팔로우하고 태그하고 밀어주며 네트워크를 확장했습니다. 커뮤니티를 통해 개인이 성장할 수 있는 구조를 만든 거죠. 이처럼 멤버 간 상호작용을 구조적으로 설계해야만, 운영자가 모든 걸 하지 않아도 커뮤니티가 스스로 성장할 수 있습니다.

세 가지 핵심 요건을 간단히 정리해 볼까요? '두 명 이상'이 '같은 지향점'을 가지고 서로에게 '영향'을 미친다면, 우리는 그 연결을 커뮤니티로 명명할 수 있습니다.

커뮤니티 가치 3요소: 연결, 연대, 연속

제가 커뮤니티를 설명할 때 자주 쓰는 표현이 있습니다. 바로 '연·연·연'이에요. "우리는 삶에 '연연'할 필요는 없지만, 커뮤니티에는 '연·연·연'해야 합니다."

커뮤니티 가치는 '연결, 연대, 연속'으로 구성됩니다. 다음 장에서 설명할 커뮤니티 메이킹 3단계 역시 이 세 개의 가치가 중심입니다. '연결, 연대, 연속'이라는 가치 위에 커뮤니티를 만드는 것이죠.

연결은 '모이는 힘'입니다. 나와 비슷한 사람, 비슷한 문제의식을 가진 사람과 만나 네트워크를 만드는 단계죠. 연대는 '함께 움직이는 힘'입니다. 연결된 사람들이 서로에게 힘을 보태고, 의미 있는 결과를 만드는 과정입니다. 시너지를 만드는 것이죠.

가장 중요한 것은 연속입니다. 결국 커뮤니티의 목적은 지속가능성입니다. 연결과 연대는 연속성을 만들기 위한 과정이에요. 그래서 커뮤니티를 설계할 때는 항상 이렇게 물어봐야 합니다. "이 커뮤니티는 나와 우리 조직의 지속가능성에 어떻게 기여하고 있는가?" 이 질문에 명확히 답할 수 있다면, 커뮤니티는 이미 올바른 방향으로 나아가고 있는 것입니다.

사람들은 왜
커뮤니티에 참여할까?

커뮤니티를 만들고자 한다면 사람들이 왜 커뮤니티에 참여하는지부터 이해해야 합니다. 사람들이 커뮤니티에 참여하는 이유는 단순하지 않아요. 정보, 관계, 커리어, 소속감까지, 여러 동기가 교차하며 커뮤니티의 활력을 만들어 내죠. 크게 세 가지 이유로 나눌 수 있습니다.

첫째, 지지와 연대입니다. 무언가에 소속되어 있다는 감각은 인간의 기본적인 욕구입니다. 커뮤니티는 이를 충족시켜요. 특히 사회의 성공 공식이 사라진 지금, 사람들은 현재와 미래에 대한 불안한 마음을 잠재우기 위해 다양한 커뮤니티에 접속하고 서로의 사례를 나누며 '내가 잘못되지 않았구나.' '내가 잘하고 있구나.'라는 지지와 위로를 경험합니다.

이러한 정서적 연대는 새로운 관계의 확장으로 이어집니다. 일상에서 공통의 관심사를 가진 동료를 만나기란 결코 쉬운 일이 아니지만, 커뮤니티는 이를 시스템적으로 뒷받침합니다. 다양한 온·오프라인 접점을 통해 일상의 한계를 넘어, 서로에게 부담을 주지 않으면서도 신뢰할 수 있는 '느슨하지만 안전한 연결'을 창출해냅니다.

둘째, 성장과 변화입니다. 다양한 방면으로의 성장과 변화는 요즘 커뮤니티에 참여하는 이들이 가장 바라는 부분입니다. 그래서 커뮤니티가 주는 중요한 가치인 네트워킹만 신경 쓰기보다, 멤버들이 커뮤니티에 시간과 노력을 쏟았을 때 긍정적 변화가 일어날 수 있도록 도와야 합니다.

먼저 커뮤니티를 통해 관심 분야에 대한 정보를 얻고자 하는 사람이 존재할 수 있습니다. 커뮤니티는 '실제 사용자들의 경험'이 오가는 공간입니다. 특정 분야에 대한 최신 정보, 실사용 후기, 살아 있는 노하우가 모이죠. 개인이 혼자 얻기 힘든 깊이와 속도의 정보가 제공됩니다.

커리어 성장을 원하는 사람도 있을 수 있습니다. 커뮤니티는 네트워크 확장, 평판 형성, 전문성 축적이라는 측면에서 이 욕구를 충족해요. 느슨한 연결에서 오는 '우연한 기회'도 많죠.

커뮤니티 콘텐츠를 통해 소셜미디어에서 영향력을 키우고 싶은 사람도 있습니다. 커뮤니티 활동을 하다 보면 콘텐츠를 쌓고, 기록을 남기고, 스스로의 포트폴리오를 채우는 과정이 자연스럽게 일어나요. 많은 참여자는 커뮤니티를 통한 콘텐츠 생산을 성장으로 봅니다. 특히 해당 커뮤니티에서만 경험할 수 있는 활동은 참여자에게 특별한 콘텐츠 소재가 됩니다.

셋째, 흥미와 재미입니다. 커뮤니티는 '나는 어떤 사람인지'를 드러내는 공간이기도 합니다. 선호하는 브랜드, 취향, 관심사 같은 개인적 정체성이 자연스럽게 묻어나죠. 사람들은 이 안에서 자신을 표현하는 과정을 즐깁니다.

커뮤니티 활동 자체에서 오는 재미를 얻고자 하는 사람도 있습니다. 물론 사람에 따라 재미를 느끼는 부분이 다양하지만, 대부분 낯선 상황에 대한 경험과 게임 요소가 흥미와 재미를 더합니다. 새로운 공간, 사람, 자극에 대한 기대가 충족이 되면 재미를 느끼죠. 익숙한 관계만 반복되면 어느 순간 지루해지기 쉽잖아요. 커뮤니티는 새로운 사람을 만나는 공간이기 때문에 자연스럽게 재미 요소가 생깁니다. 마치 새 학기에 전학생이 왔을 때 경험하는 작은 기대감처럼요. 트레바리 같은 독서 모임이나 여러 소셜 모임이 꾸준히 유지되는 이유도 여기에 있습니다.

게임 요소는 다양한 피드백에 기인합니다. 자신이 성장하고 변화되는 양상을 배지, 점수 등으로 측정할 수 있는 커뮤니티라면 처음 가졌던 흥미와 재미를 꾸준히 이어 갈 수 있습니다. 기업 고객 커뮤니티라면 포인트, 리워드, 기프트 등의 물질적 혜택도 명확한 동기부여 요소가 될 수 있겠죠.

사례를 살펴볼까요? 제가 운영했던 '낯선대학'은 구성원 대부분이 30~40대였습니다. 어떤 특별한 주제를 가지고 모였다기보다, 삶에 대한 문제의식이 있고 변화가 필요하다고 느끼는 사람들이 모인 커뮤니티로 시작했죠. 이런 사람들이 모이니 자연스럽게 '나만 이런 게 아니구나.' '여기서 내 고민을 나눌 수 있겠구나.'라는 마음이 들 수밖에 없습니다. 실제로 비슷한 고민을 가진 사람들과 이야기를 나누면서 연대감이 생겼어요. 이렇게 시작된 대화는 삶에 대한 이야기에서 끝나지 않고 어느 순간 일과 커리어에 대한 고민으로도 이어졌습니다. 서로 다른 분야의 일을 듣는 것만으로도 새로운 영감과 자극을 얻고, 새로운 기회를 잡을 수도 있죠. 커뮤니티가 개인의 성장과 변화를 돕는 장치가 된 것입니다.

커뮤니티는 대부분 이 세 가지 요소—지지와 연대, 성장과 변화, 흥미와 재미—를 갖추고 있습니다. 사실 이 세 가지를 갖추지 못하면 지속될 수가 없죠. 앞서 커뮤니티와 멤버십의 차이에 대해 이야기를 했는데요. 그것에 더해 사람들이 커뮤니티에 참여하는 이유를 보면 멤버십 프로그램이 커뮤니티가 될 수 없다는 게 좀 더 명확해집니다. 멤버십에서는 누군가를 만날 기회가 거의 없고, 담당자와 일대일 소통으로 끝나는 경우가 많기 때문입니다. 서로 만나지 못하니 지지나 연대도 없고, 성장이나 재미도 느끼기 힘들죠. 결국 사람들은 '혜택을 받은 만큼의 가치'만 계산하게 되고, 정서적인 동기는 떨어져 버립니다. 그래서 커뮤니티라 말하기 어렵습니다. 간단한 물질적 보상과 혜택으로 해결할 수 있는 것이 아니니까요. 대신 사람 마음을 다루는 데 더 많은 에너지를 써야 합니다.

당신의 커뮤니티는 무엇을 충족시킬 수 있나요? 어떤 가치에 초점을 맞출 것인지를 고민해 보면 좋습니다.

커뮤니티
디자인

커뮤니티를 만들고 싶다면 거쳐야 할 세 가지 단계가 있습니다. 첫 번째는 디자인 단계, 두 번째는 빌딩 단계, 세 번째는 매니징 단계입니다. 디자인 단계는 말 그대로 커뮤니티 설계도를 그리는 과정입니다. 커뮤니티 방향, 목적, 기본 구조를 가볍게나마 그려 보는 것이죠. 빌딩 단계에서는 이 설계도를 바탕으로 실제로 사람들을 모으고 커뮤니티를 시작합니다. 마지막 매니징 단계에서는 모인 사람들을 운영하고, 관계와 시스템을 다듬어 갑니다. 이 세 가지 단계를 하나씩 살펴보겠습니다.

커뮤니티 메이킹 3단계

① 커뮤니티 디자인	② 커뮤니티 빌딩	③ 커뮤니티 매니징

가장 먼저 해야 할 것은 커뮤니티 디자인입니다. 커뮤니티를 디자인할 때 명심해야 할 것은 '설계는 언제든지 변할 수 있다.'라는 사실이에요. 디자인이 중요하지 않다는 뜻은 아닙니다. 다만 커뮤니티는 본질적으로 관계와 매우 닮아 있습니다. 우리가 누군가와 처음 만났을 때 모든 규칙과 룰을 완벽하게 세팅하지는 않죠. 함께 시간을 보내고, 상황이 변하고, 구성원이 늘어나면서 관계가 달라지듯 커뮤니티 역시 시작할 때부터 정교할 필요는 없습니다. 구성원이 늘어나면 그에 맞춰 시스템을 리뉴얼하고, 필요한 규칙이 생기면 새롭게 업데이트하고, 관계의 밀도나 목적이 달라지면 운영 방식도 자연스럽게 업그레이드되어야 커뮤니티가 건강하게 성장합니다.

IT 기업이나 스타트업이 커뮤니티 운영을 잘하는 이유가 여기에 있습니다. 그들의 운영 방식과 사고방식은 커뮤니티와 닮아 있어요. 스타트업은 작은 MVP(Minimum Viable

Product, 최소 기능 제품)로 시작해서 사용자의 반응을 보고 빠르게 보완하고, 개선하고, 업데이트하고, 다시 업그레이드하는 과정을 반복합니다. 바로 이런 유연함이 커뮤니티 운영과 아주 잘 맞는 것이죠.

반대로 대기업, 특히 제조 중심의 기업이 커뮤니티 운영을 어려워하는 이유도 여기에 있습니다. 제조 기업은 설계가 처음부터 완벽해야 합니다. 이후 과정은 그 설계도를 얼마나 충실히 따라가느냐의 문제이기 때문입니다. 하지만 커뮤니티는 정반대예요. 이번 주에 10명이었던 커뮤니티가 다음 주에는 20명이 될 수도 있고, 어떤 이슈가 터져 단기간에 100명으로 확 커질 수도 있습니다. 혹은 갑자기 조용해질 수도 있죠. 사람이 변수이고 관계가 에너지이기 때문에, 계획이 아니라 운영의 유연성이 더 중요해집니다.

커뮤니티 디자인은 참여자 관점에서 궁금해 할 요소와 운영자가 미리 준비해야 할 요소가 결합된 체계적 작업입니다. 디자인 단계에서 다음에 소개하는 열한 개 항목을 정리해 두면, 운영 과정에서 발생하는 문제를 훨씬 안정적으로 조정할 수 있습니다. 다만, 언제든지 바뀔 수 있고, 바꿀 수 있다는 유연함을 놓치지 말아야 합니다.

① 콘셉트

가장 우선해야 할 것은 '어떤 콘셉트의 커뮤니티를 만들 것인가?'를 분명히 정하는 일입니다. 학습 중심인지, 취미나 취향 중심인지, 혹은 특정 활동에 초점을 둔 것인지부터 정해야 합니다. 콘셉트는 곧 지향점입니다. 함께 모여 어떤 목표를 추구할 것인지를 정하는 일이죠. 뜨개 모임, 주 5회 아침 영어 스터디, 공무원 시험 준비 스터디, 주말 달리기 모임 등 다양한 갈래가 있을 수 있습니다. 콘셉트가 정리되어야 그다음 단계인 프로그램 설계도 가능합니다.

디자인은 정교하지 않아도 된다고 했지만, 모든 요소가 바뀌어도 되는 건 아닙니다. 초기 설계 요소 중에서도 분명한 '고정값'이 있어야 하죠. 가장 변하면 안 되는 요소가 바로 콘셉트입니다. 사람들은 커뮤니티 지향점과 콘셉트를 기준으로 참여 여부를 판단하기 때문에, 이 부분이 바뀌면 커뮤니티의 정체성 자체가 흔들립니다. 지향점을 향해 나아가는 방법은 다양하게 변할 수 있겠지만, 흔들려서는 안될 정체성이 무엇인지에 대해서는 분명히 해야 해요.

콘셉트는 분명하고 구체적일수록 좋습니다. 다른 커뮤니티와 차별점을 두고 싶다면 그걸 콘셉트에 녹여 내도 좋겠지요. 어떤 주제로 커뮤니티를 꾸리고 싶은지, 어떤 활동을 하고 싶은지 잘 고민해 보고, 그에 맞는 콘셉트를 설정해 보세요.

나는 어떤 커뮤니티를 만들고 싶은가?

많은 사람이 "요즘은 어떤 콘셉트가 잘 먹히나요?" "이렇게 콘셉트를 잡으면 사람들이 좋아하나요?" 같은 가이드를 찾습니다. 사실 그런 정답은 없습니다. 다만 콘셉트가 왜 중요한지, 그리고 어떻게 정해야 사람들이 자연스럽게 끌리는지에 대한 몇 가지 포인트는 분명 존재합니다. 사람들이 커뮤니티를 찾을 때 우선적으로 보는 것은 원하는 분야의 콘셉트가 잘 적용된 커뮤니티 '이름'과 그 콘셉트에 대해 전문성을 가진 '운영자' 입니다.

① 이름을 통해 그 커뮤니티의 지향점을 알 수 있습니다.
② 운영자를 통해 그 커뮤니티에 대한 신뢰도를 가집니다.

운영자(리더)가 유명하지 않는 이상, 대부분 참여자는 커뮤니티 이름과 그 이름에 맞는 콘텐츠를 확인 후 커뮤니티 참여를 결정합니다. 콘셉트는 참여자들이 처음 통과하는 문이고, 그 문지기가 운영자이고 리더입니다. 그래서 콘셉트는 단순히 제목이 아니라 '첫 번째' 참여자를 불러오는 중요한 신호이자 기준이 됩니다. 두 명 이상이 모여야 비로소 성립하는 커뮤니티에서, 처음 몇 명이 손을 들도록 만드는 힘이 콘셉트에서 시작되는 것이죠.

콘셉트는 사람들을 묶어 주는 가장 첫 번째 갈퀴, 즉 필터의 역할을 합니다. 이 필터는 구체적일수록 좋습니다. 수많은 빨간색 공 속에서 단 두 개만 있는 노란 공은 유독 눈에 잘 띄잖아요. 사람들도 마찬가지입니다. 관심이 있는 주제나 문제의식과 관련된 커뮤니티를 발견했을 때 즉각적으로 반응해요. 그렇기 때문에 커뮤니티를 만들 때는 참여자가 실패하지 않도록 도와주는 명확한 콘셉트가 필수입니다. "A를 기대하고 갔는데, B를 하고 있었다."라는 경험만큼 참여자에게 실망을 주는 일은 없죠. 미술관에는 '무제'라는 작품이 허용되지만, 커뮤니티에는 '무제'가 있을 수 없습니다. 사람들이 제목과 콘셉트를 보고 스스로 참여 여부를 판단하기 때문입니다.

결국 콘셉트를 정한다는 건 "나는 어떤 커뮤니티를 만들고 싶은가?"라는 질문을 자신에게 던지는 일과 같습니다. 커뮤니티에는 분명한 의도와 방향이 필요합니다. 그래야 비로소 사람들이 찾아오고, 함께 의미 있는 움직임을 만들 수 있습니다.

② 프로그램

두 번째는 프로그램 설계입니다. 콘셉트를 정했다면 이제 그 콘셉트에 맞는 활동이 무엇인지, 우리가 함께 모여 목표를 이루기 위해 무엇을 할 것인지 구체적으로 정의해야 합니다. 예를 들어 영어 커뮤니티라면 회화 중심인지, 문법 중심인지, 혹은 강사 초청형인지, 자율 스터디인지부터 결정해야겠죠.

커뮤니티의 기본 프로그램도 초기에는 디자인 단계에서 높은 세팅 값을 설정하고 유지하는 것이 좋습니다. 프로그램의 형식이나 흐름은 참여자의 예상과 경험을 좌우하기 때문입니다. 반면 혜택(참여자의 니즈에 따라 조정 가능), 비용(협찬 여부, 제공 가치, 운영 방식에 따라 조정 가능), 운영 주기(장기에서 단기로, 단기에서 장기로 조정 가능), 세부 규칙(참여자의 경험에 따라 조정 가능) 등의 요소들은 바뀔 수 있습니다. 단, 참여자와 약속을 한 기준들을 변경할 땐 상호 협의와 합의가 필요하죠. 이는 물론 운영 중에도 가능하지만, 새로운 시즌을 디자인할 때 보다 쉽게 변화를 도모할 수 있습니다. 커뮤니티는 일부의 고정값과 대다수의 변수를 품고 가는 게 당연하니, 변화에 스트레스를 받지 마세요.

❸ 온·오프라인 기반 환경

세 번째는 이 커뮤니티가 온라인 중심인지, 오프라인 중심인지, 혹은 두 방법을 혼합할 것인지 결정하는 일입니다.

온라인 모임은 시간과 공간의 제약이 거의 없다는 큰 장점이 있습니다. 전국 각지에서 누구나 참여할 수 있죠. 다만 온라인으로만 운영할 경우 서로가 누구인지 정확히 알기 어렵고, 마음의 거리가 좁혀지기 쉽지 않습니다. 공유할 수 있는 공통의 주제는 있지만, 공통의 경험은 없기 때문에 관계성이 상대적으로 약합니다.

오프라인 모임은 관계의 밀도가 훨씬 더 높습니다. 얼굴을 맞대고 같은 시간과 공간에서 겪은 공통의 경험을 공유하면 깊은 연대감이 생기기 때문입니다. 하지만 오프라인 커뮤니티를 구성할 경우 시간과 공간의 제약이 있기 때문에 참여할 수 있는 대상자의 폭이 좁아지고, 장소 섭외에도 비용이 필요할 수 있습니다. 따라서 요즘은 온라인으로 운영하되, 오프라인 번개 모임이나 1~2회의 큰 행사로 관계의 밀도를 보완하는 방식을 많이 선호합니다.

커뮤니티에서 어떤 프로그램을 전개할 것인지에 따라 기반 환경이 결정되는 경우도 있습니다. 달리기 모임이라면 당연히 오프라인 모임이 필요하겠지요. 그러니 기반 환경 설정은 프로그램, 규모 등을 고려해 최적의 방법을 선택해야 합니다. 선택의 여지 없이 주어진 조건을 활용해야 한다면, 문제가 될 만한 이슈를 해결할 방법을 찾는 게 중요해요.

온라인 달리기 커뮤니티

온라인과 오프라인 환경이 섞인 재미있는 사례가 있습니다. 앞서 달리기는 오프라인 환경이 필요하다고 말한 것과 달리, 특이하게 온라인을 중심으로 달리기 커뮤니티를 운영한 사례입니다.

코로나 시기에 운동을 해야겠다고 고민하다 달리기를 시작했습니다. 그러다 겨울을 맞이했죠. 달리기를 하는 이들에게는 '대관령보다 높은 게 현관령'이라는 말이 있습니다. 추운 겨울, 현관이 에베레스트처럼 느껴지는 것에서 시작된 우스갯소리입니다. 그래서 달리기 커뮤니티를 생각했습니다. '함께 모여 달리지 않아도, 각자의 달리기를 공유하고 응원한다면 현관을 사뿐히 넘지 않을까'라는 의도였습니다.

이 커뮤니티는 '월간마라톤'이란 이름으로 시작됐습니다. 저는 이 모임 덕분에 겨울을 지나 꾸준히 달리는 사람이 되었죠. 혼자였다면 결코 달릴 수 없었을 텐데, 의도대로 서로의 달리기를 응원하고 각자가 매달 달린 거리를 숫자로 쌓아 가면서 동기부여가 되었던 것입니다. 각자의 달리기를 온라인에서 공유하다, 한강에 모여 함께 달리는 이벤트도 진행했습니다. 비로소 온라인이 아닌 오프라인의 만남이 이루어졌죠. 이렇게 온·오프라인 환경 설정은 주어진 조건을 고려해 적절히 선택할 수 있습니다.

---

④ 시간

네 번째는 시간 설계입니다. 시간은 세 가지 요소로 나뉩니다. 먼저 기간입니다. 언제 시작해 언제 종료할지, 시즌제로 운영할지 등을 정해야 해요. 예전 커뮤니티들은 끝나는 시점이 없는 경우가 많았습니다. 커뮤니티는 계속 운영되고, 자유롭게 회원이 가입하고 탈퇴할 수 있었죠. 최근에는 단기간, 시즌제 커뮤니티가 많아지는 추세입니다. 시즌제는 문제점을 개선하고 새롭게 리셋할 수 있기 때문에 운영 측면에서 유리한 점이 있습니다.

다음은 주기입니다. 주간 단위인지, 월간 단위인지, 혹은 매일인지 등 모임의 리듬을 결정합니다.

마지막으로 요일과 시간대를 설정합니다. 토요일 오전에 할 것인지, 평일 저녁에 할 것인지 등을 결정하는 것이죠. 예를 들어 한 커뮤니티는 토요일 오전을 고정 모임 시간으로 정해 사람들이 애매하게 흘려보내던 시간을 루틴화했고, 또 다른 커뮤니티는 공연 업계 종사자라는 대상자들의 일정에 맞춰 대부분의 공연이 쉬는 월요일 저녁을 선택했습니다. 요일과 시간은 실제 참여율을 좌우하기 때문에 중요하게 고려해야 할 요소입니다.

⑤ 대상자와 규모

다섯 번째는 대상자와 규모 설정입니다. 대상자는 콘셉트에 따라 자연스럽게 정해질 수도 있지만, 규모는 정하기 나름이기 때문에 디자인 단계에서 신중하고 정확하게 판단해야 합니다. 예를 들어 제가 '낯선대학'을 만들 당시 '매주 월요일, 2명씩 발표'라는 구조를 먼저 정하고 나니 자연스럽게 '연간 50명이 적정 규모'라는 답이 나왔습니다. 이후에는 스태프 배치, 운영 방식 등을 구체화할 수 있어요.

규모가 조금만 달라져도 사람들이 느끼는 참여감, 발언권, 관계의 밀도는 크게 달라집니다. 10명 중 1명일 때와 100명 중 1명일 때의 존재감은 완전히 다르죠. 이 밀도의 차이가 구성원이 느끼는 만족도와 영향력에 직접적인 영향을 줍니다. 18명을 정원으로 운영하던 북클럽이 인기가 많아졌다는 이유로 정원을 30명으로 늘리면, 3시간 동안 각자 말할 수 있는 시간이 약 10분에서 5분으로 줄어듭니다. 이런 상황에서 만족도는 자연스럽게 떨어지겠죠.

따라서 콘셉트, 프로그램과 함께 규모(밀도) 역시 변화의 폭을 크게 가져가기 어려운 요소입니다. 인원수와 참가비는 커뮤니티 비즈니스에 영향을 미칩니다. 그런데 변화의 폭을 작게 하라는 말은 무언가 벽처럼 느껴지죠. 너무 염려마세요. 6번 운영 조직 부분을 잘 준비한다면 규모의 변화를 만들어가기 수월해집니다.

◎ 운영 조직

여섯 번째는 운영 조직 세팅입니다. 이 단계에서는 리더를 직접 맡을지, 적합한 리더를 별도로 세울지, 리더를 두지 않을지부터 결정해야 합니다. 스태프 구성이 필요한지도 규모와 함께 고려해야 해요. 100명 이상 규모라면 리더 혼자 운영하는 것만으로는 부족하기 때문에 스태프 구성이 필수적입니다. 스태프를 시작할 때부터 둘 것인지, 둔다면 몇 명 정도 둘 것인지, 당장은 스태프가 없더라도 멤버가 모인 이후에 스태프를 선정할 것인지에 대한 계획도 필요합니다. 스태프 수는 참여자 만족도에 영향을 미칩니다. 특히 커뮤니티 초기엔 아무래도 참여자보다 스태프와 주고받는 에너지가 많습니다. 스태프 수가 많다면 더 많은 에너지를 교류할 수 있으며, 초반 분위기를 잘 만들고 이끄는 데 도움이 됩니다.

요즘 커뮤니티는 리더의 영향력과 존재감이 중요합니다. 그런데 리더가 그런 힘을 갖지 못할 경우, 여러 명의 스태프가 공동 리더십을 형성해 신뢰도를 높일 수도 있습니다. 어떤 참여자는 리더를 잘 몰라도 스태프 중 익숙하고 신뢰하는 사람이 있다는 이유로 커뮤니티에 참여하기도 하죠. 이처럼 스태프가 커뮤니티의 임팩트를 더하는 요소가 되기도 합니다.

요즘 만들어지는 커뮤니티 대부분은 수평적인 운영 조직을 추구합니다. 위계 없이 모두가 의견을 내고 합의하에 결정을 내리는 커뮤니티도 있죠. 단, 제 경험상 최종 결정을 내리는 리더는 필요할 수 있습니다. 커뮤니티가 추구하는 방향을 고려하여 운영 조직을 세팅해 보세요.

⑦ 리워드

일곱 번째로 리워드, 즉 참여자 혜택을 설계합니다. 운영되는 프로그램은 기본 골격입니다. 리워드는 기본 골격 외에 참여자들이 커뮤니티 활동을 통해 얻게 되는 정량적, 정성적인 보상을 말해요. 지속적으로 참여자들의 소속감과 자긍심을 강화해 커뮤니티를 끈끈하게 하는 요소입니다.

우선 정량적 리워드는 다시 물질적, 금전적 리워드로 나뉩니다. 대표적인 물질적 리워드가 '굿즈'입니다. 명찰, 명함, 상장, 배지, 카드, 기념품 등 다양하죠. 사진을 찍고 싶고, 그것을 자랑하고 싶게 만들면 더할 나위 없이 좋은 일입니다. 활동비, 상품권, 할인권 등 금전적 리워드도 있습니다. 금전적 리워드는 사전에 정확히 명시하는 게 중요합니다. 이렇게 눈에 보이는 물질적·금전적 보상이 크면 좋겠지만, 비용이 많이 들죠. 그러니 과하지도 않고 적지도 않은 적정선을 찾아야 합니다. 이것 역시 쉽지 않기 때문에 저는 커뮤니티를 기획할 때 비슷한 커뮤니티의 사례를 참고합니다. 정답은 없습니다.

정성적 리워드도 있습니다. 정성적 리워드는 커뮤니티 차별화와 만족도를 만드는 데 중요한 축이 되죠. 그래서 리워드를 고민할 때 이 부분을 좀 더 고민해 보라고 제안합니다. 참여자의 성장과 변화를 위한 다양한 강연이나 이벤트도 그 중 하나입니다. 참여자들끼리의 네트워킹도 중요한 혜택으로 제시될 수 있습니다.

대개 정량적 혜택은 사전 주목도에 영향을 미치고, 정성적 혜택은 사후 만족도에 영향을 미칩니다. 둘 다 커뮤니티가 성장하면서 계속 변해야 해요. 특히 참여자는 정량적 리워드보다도 정성적 리워드에 가치를 두는 경우가 많습니다. 리워드에 대한 설계가 제대로 되어 있지 않으면 참여자들 관심이 줄어 커뮤니티를 이탈할 수 있습니다. 그래서 리워드는 참여자의 지속성과 충성도를 높이는 중요한 장치입니다.

⑧ 비용 구조

여덟 번째는 비용 구조입니다. 무얼 해도 돈이죠. 참가비를 받을 것인가, 받는다면 어느 정도 받을 것인가, 후원 및 협찬을 받을 것인가 등에 대한 고민이 여기에 포함됩니다.

참가비가 있다면, 참여자도 비용 구조에 대해 궁금해 하기 때문에 명확하게 설명할 수 있어야 합니다. 특히 커뮤니티 운영은 돈이 들어가는 구조이기 때문에 '마이너스'가 되지 않도록 주의해야 해요. 직접 커뮤니티 비즈니스라면 당연히 수익을 내야 하고, 간접 커뮤니티 비즈니스 역시 돈은 못 벌더라도 가치를 얻고, 그 가치가 커뮤니티를 운영하는 개인이나 단체에 도움이 되어야 합니다.

참가비가 없는 경우에는 운영비를 위해 후원이나 협찬 등의 방법을 마련해야 합니다. 단발성 커뮤니티가 아닌 지속 가능한 커뮤니티를 꿈꾼다면 비용 구조를 세우고, 계속 개선해 나가야 해요. 이 구조가 건강하고 탄탄할수록 참여자들의 인정을 넘어 사회적인 인정도 받을 수 있습니다.

⑨ 커뮤니케이션 방식

아홉 번째는 커뮤니케이션 방식입니다. 단체 메신저 대화방을 만들 것인지, 노션을 사용할 것인지, 뉴스레터를 발행할 것인지 등을 정하는 것이죠. 온라인 커뮤니티는 물론이고, 오프라인 커뮤니티라고 하더라도 요즘에는 온라인 커뮤니케이션을 하지 않을 수 없습니다. 특히 실제로 만나서 깊은 대화를 나누기 위해서는 그 이전에 온라인에서 작은 연결의 계단들을 쌓아 두는 일이 필요해요. 사전 연결이 쌓일수록 오프라인에서 친밀도가 높아지고 대화의 깊이는 훨씬 풍부해질 수 있습니다.

현재 가장 보편적인 커뮤니케이션 방식은 '스몰톡과 공지를 위한 단체 메신저'와 '자료 아카이브용 플랫폼(노션, 카페, 슬랙, 구글 문서 등)'을 병행하는 것입니다. 아카이브할 자료가 많지 않다면 단체 메신저 하나만 활용해도 좋습니다.

단체 메신저의 경우 카카오톡을 기준으로 오픈채팅방과 일반채팅방, 두 가지 버전을 선택할 수 있습니다. 둘의 가장 큰 차이점은 익명성과 일대일 대화입니다. 오픈채팅방의 경우 각자 닉네임을 설정할 수 있고, 일대일 대화를 할 수 없어요. 따라서 멤버들이 이미 서로를 알고 있어서 멤버 간 밀도를 높이는 게 필요하다면 일반 채팅을, 익명성이 필요하다면 오픈 채팅을 사용하는 편입니다.

메신저의 기능을 잘 활용하는 것도 좋습니다. 각 메신저별로 투표, 공지사항 등 단체 소통을 위한 다양한 기능이 존재합니다. 공지사항을 게시판처럼 활용해 댓글로 자기소개를 진행할 수도 있죠. 채팅으로 소개를 하면 잘 읽지 못하는 경우가 많지만, 이렇게 진행하면 일목요연하게 볼 수 있는 장점이 있습니다. 그 외 챗봇 등 여러 가지 유용한 기능들이 있으니 잘 활용하면 도움이 됩니다.

커뮤니케이션 방식은 피드백을 받아 얼마든지 수정할 수 있는 요소이기 때문에, 설정 이후에도 참여자들이 어떻게 느끼는지를 늘 관심 있게 바라보는 것이 필요합니다.

⑩ 커뮤니티 룰

열 번째는 커뮤니티 룰입니다. 여기에는 욕설이나 비방 금지, 특정 시간 이후 채팅 금지 같은 기본 규칙부터 발표나 참여 의무 등 커뮤니티의 목적에 따른 규칙까지 포함됩니다. 사람들이 적극적으로 참여할수록 좋은 커뮤니티가 되기 때문에, 최소한의 참여를 위한 규칙을 설정하는 것이 중요해요. 트레바리 북클럽의 경우, 모임 참여 2일 전까지 독후감을 제출해야 한다는 룰이 있습니다. 모임의 몰입도를 높이는 중요한 장치로, 트레바리의 상징이 되었죠.

룰이 중요한 또 다른 이유는 '빌런 방지'에 있습니다. 커뮤니티를 운영하다 보면 다양한 사람을 만나게 됩니다. 그 중에는 커뮤니티의 성격과 맞지 않는, 커뮤니티의 물을 흐리는 '빌런'이 있을 수도 있죠. 물론 첫인상만으로 알 수 있다면 좋겠지만 그럴 수 없기 때문에, 문제가 발생했을 때 감정적으로 대응하지 않도록 합의된 기준을 마련해 두어야 합니다. 룰이 없으면 리더의 주관적 판단으로 보이기 때문에 구성원 간 신뢰가 깨지기 쉽습니다. 반대로 룰이 너무 많아도 사람들이 따르기 쉽지 않습니다. 다섯 개 이내가 적절해요.

규칙이자 약속인 룰에는 커뮤니티의 정체성이 드러납니다. 무얼 중요하게 여기는지를 알 수 있기 때문입니다. 회사의 일하는 방식도 커뮤니티 룰과 일맥상통합니다. 중심이 되는 룰이 있다면 흩어진 마음과 관심을 모으는 데 도움이 되겠죠?

⑪ 네이밍

마지막으로는 이름을 정합니다. 명확하게 정해 둔 이름이 있다면 먼저 정할 수도 있지만, 이름은 맨 마지막에 최종적으로 확정하는 것을 추천합니다. 콘셉트·규모·룰·운영 방식 등

전체 설계가 끝난 후, 그 커뮤니티를 가장 정확하게 대표하는 이름을 찾는 것이죠. 이름은 참여자들이 외부에 자랑스럽게 말할 수 있어야 하고, 지나치게 촌스럽거나 오해를 부를 요소가 없어야 합니다.

한때 많은 이의 관심을 받았던 '퇴사학교'라는 유료 모임이 있었습니다. 이름만으로도 이곳은 무엇을 하고, 어떤 걸 경험할지가 느껴지죠. 직관적이고 부연 설명이 필요 없는 것은 좋습니다. 하지만 참여자가 이 모임에 참여하고 있다는 사실을 주변에 밝히기 어렵다는 단점이 있습니다. 피상적으로 보면 부정적인 이미지로 비춰질 수 있죠. 이렇게 강력하고 콘셉트가 명료한 이름을 정할 때는 주의가 필요합니다.

또 많은 기업이 '고객 참여단' '고객 체험단' 같은 고객 커뮤니티를 운영합니다. 이름을 별도로 정하지 않고 그 모임의 형태를 그대로 사용하는 경우가 많죠. 이런 이름도 가급적 지양하면 좋습니다. 다소 진부해 보일 수 있기 때문입니다. 참여자들이 자긍심을 느끼는 멋진 이름으로 바꿔 보면 어떨까요? 참여자가 스스로 자랑스럽게 홍보하고 싶어지는 이름은 커뮤니티 확장에 큰 도움이 됩니다.

디자인은 유연하게

다시 한번 말하지만, 디자인은 정교하지 않아도 됩니다. 실제로 커뮤니티가 오픈해 운영을 하는 중에도 참여자의 피드백을 바탕으로 언제든지 디자인을 수정할 수 있어야 하죠. 많은 사람이 커뮤니티를 디자인하는 단계에서 정교하게 완성하려고 합니다. 하지만 커뮤니티는 관계 비즈니스라는 특성상 처음에 모든 것을 완벽하게 맞추려 할수록 오히려 진전이 더딥니다. 관계를 기반으로 하는 커뮤니티는 운영 과정에서 피드백을 받으며 계속 바뀌기 때문에 초반에 모든 걸 '완성형'으로 만들겠다는 생각 자체가 불가능한 목표입니다. 그래서 디자인 단계에서는 업데이트와 업그레이드를 전제로 둔다는 마음가짐이 필요합니다.

조금 엉성하더라도, 일단 첫발을 내디딜 수 있는 수준의 설계면 충분합니다. 특히 '커뮤니티는 두 명 이상이면 성립된다.'라는 기본 원칙을 알고 있고 한 명을 불러올 수 있을 정도의 설계라면 초기 디자인으로는 충분한 셈입니다. 물론 초반부터 많은 인원을 모집한다면 그만큼 초반 설계의 정교함이더 필요할 수는 있습니다. 하지만 그것 역시 완벽하지 않아도 초기 안내 기준을 마련하는 정도면 충분합니다.

또한 디자인 단계에서는 리더의 판단이 중심이 됩니다. 하지만 커뮤니티가 실제 운영 단계에 들어가면 변화는 반드시 '합의의 과정'을 통해서만 이뤄지고 유지될 수 있어요. 구성원에게 영향을 주는 결정들을 리더가 일방적으로 바꾸기 시작하면 그 순간 커뮤니티는 불안정해지고 신뢰를 잃게 됩니다. 그래서 디자인 단계에서는 다음 두 가지를 항상 염두에 두면 좋습니다.

- 운영 단계에서는 합의된 변화만 가능하다.
- 그렇기 때문에 초기 디자인에서는 여유와 유연함을 반드시 확보해 둬야 한다.

결국 디자인 단계의 핵심은 '변화 가능성을 열어 두되, 변하면 안 되는 최소 기준을 명확히 하는 것'입니다. 이 기준 위에서 커뮤니티는 구성원과 함께 진화하는 구조를 갖게 됩니다.

요즘 커뮤니티는 '느슨한 연결'을 지향하는 경우가 대다수입니다. 커뮤니티뿐만 아니라 일상에서도, 업무에서도 느슨하게 연결되기를 선호하죠. 왜 그럴까요?

이는 《낯선 사람 효과》* 라는 책에서 소개하는 개념 '위크 타이(Weak Tie)'로 설명할 수 있습니다. 가까운 사람과는 서로를 오래 알고 있고 닮아 있기 때문에 큰 변화를 만들어 내기 어렵다는 내용입니다. 이 개념에 따르면 가까운 사람일수록 변화를 반기지 않을 수 있습니다. 변화는 관계를 흔들 수 있기 때문이에요. 반면 위크 타이, 즉 건너 건너 만나게 되는 낯선 사람은 이야기가 다릅니다. 이들은 타인의 변화에 까다롭지 않고, 오히려 흥미롭게 바라봅니다. 가능하다면 기꺼이 도움도 주죠. 실제로 이직, 결혼, 예상치 못한 기회 등 인생의 큰 전환점이 어디에서 왔는지를 조사해 보면 가장 가까운 사람보다 느슨하게 닿아 있던 사람들의 연결에서 비롯되는 경우가 더 많다고 합니다.

* 리처드 코치, 그렉 록우드, 《낯선 사람 효과》, 흐름출판, 2012

지금 우리는 한 지역에서 태어나 그곳에서 평생 관계를 구축하며 살아가는 시대를 벗어났습니다. 학교, 직장, 유학, 이직, 새로운 도시로의 이동까지 삶의 반경이 끊임없이 넓어지죠. 이런 환경에서 모든 관계를 깊고 끈끈하게 유지하는 것은 불가능합니다. 감정적으로도, 시간적으로도 너무 많은 에너지가 소모되기 때문입니다. 간단히 말하자면, 우리가 감당할 수 있는 깊은 인간관계는 그리 많지 않습니다. 그래서 느슨한 연결이 지금 시대에서 삶의 전략이 되는 것입니다. 깊게 뿌리내린 소수의 관계도 물론 중요하지만, 그때그때 필요할 때 가볍게 연결되고 배울 수 있고 새로운 관점을 제시하는 느슨한 연결망이 삶에 훨씬 실질적인 도움을 주는 경우가 많죠.

커뮤니티에서도 마찬가지입니다. 예전의 커뮤니티 1.0이 갖고 있던 지나치게 끈끈한 구조는 현재의 라이프스타일과 맞지 않습니다. 지금의 사람들은 '가볍게 들어오고, 자연스럽게 떠날 수 있는 구조'를 원해요. 고정 멤버가 전부였던 시대가 지나고, 다양한 사람들이 드나들며 서로 자극을 주고받는 흐름 자체가 커뮤니티의 힘이 되고 있습니다. 결국 느슨한 연결은 가벼움을 지향하기 위한 선택이 아니라, 변화무쌍한 시대를 건강하게 살아가기 위한 관계의 전략입니다. 지치지 않으면서도 새로운 가능성을 여는 방식이죠. 커뮤니티가 느슨한 연결을 추구하는 이유도 바로 여기에 있습니다.

느슨한 연결을 유도하는 몇 가지 방법

느슨한 연결은 다양한 방식으로 기획할 수 있습니다. 첫 번째는 입퇴장입니다. 느슨한 연결을 추구하는 커뮤니티는 입퇴장이 수월합니다. 커뮤니티 장벽이 높지 않아요.

두 번째는 호칭입니다. 요즘에는 서로의 본명을 몰라도 충분히 소통이 가능합니다. 대신 닉네임을 쓰죠. 과거로부터 이어 온 자신의 이름 대신, 새롭게 명명한 이름을 쓰는 게 더 자연스럽습니다. 소셜미디어 시대를 살아가는 이들에겐 닉네임은 너무 당연하죠.

세 번째는 느슨한 연결을 커뮤니티 콘셉트로 설정하고, 그에 대한 룰을 만드는 것입니다. 그 룰 중에 하나로 '서로 친하지 않아도 된다'고 이야기하는 것입니다. 연결이 꼭 가까운 관계를 대변하진 않습니다. 서로가 서로를 필요로 하지만, 그것이 친해져야 한다는 전제를 가지면 부담으로 작용할 수 있죠. 물론 활동이 잦아지면 자연스레 가까워질 수 있지만, 요즘 커뮤니티는 억지로 친해지기 위한 프로그램을 기획하는 등의 무리수를 두지 않습니다. 전통적인 커뮤니티는 어떨까요? 일단 친해져야 합니다. 그러기 위해 술자리나 다양한 활동을 하게 되죠. 그 모든 것들이 선택보다 필수에 가깝습니다. 요즘 사회의 흐름을 생각하면 무척 부담스러운 이벤트입니다.

네 번째는 커뮤니케이션 방식에 있어 오픈채팅방을 활용하는 것입니다. 오픈채팅방은 일반채팅방과 달리 좀 더 캐주얼한 분위기를 만듭니다. 오픈채팅방에서는 1:1 대화를 하는 것도 쉽지 않아요. 그러니 오픈채팅방을 활용하면 느슨한 연결을 지향하고 있다는 느낌을 줍니다.

다섯 번째는 기간입니다. 특정 목적이나 문제를 해결하기 위해 기간을 설정해 두고 함께 활동하다가, 약속한 기간이 되면 커뮤니티 활동이 멈추는 것입니다. 대개 약속된 기간이 끝나면, 이전과 같은 밀도와 분위기를 유지하기 어렵습니다. 공식적인 알럼나이 프로그램이 없다면 참여한 멤버는 자연스럽게 헤쳐 모이게 되죠. 서로가 적당한 거리를 유지하게 됩니다.

커뮤니티 설계는 '사람들이 무리 없이 머물 수 있는 구조'를 만드는 일입니다. 느슨한 연결을 기반으로 설계된 커뮤니티는 사람들의 삶에 부담을 주지 않으면서도, 필요한 순간에는 충분한 힘을 발휘해요. 느슨한 연결을 잘 이해하고 기획한다면 커뮤니티 운영자에게도, 참여자에게도 훨씬 건강하고 지속가능한 생태계가 될 것입니다.

커뮤니티 빌딩

디자인 단계에서 '누구를 위한 커뮤니티인지'가 정해졌다면, 빌딩 단계는 그 대상자를 찾고 모집하고 확정하는 과정입니다. 모집 안내 → 신청 → 선발 → 첫날의 오리엔테이션까지가 모두 빌딩 단계에 포함됩니다. 이 단계에서는 가입 절차를 어떻게 만들지, 신청서를 어떻게 구성할지, 어디에 홍보할지, 사람들을 어떻게 선별할지 같은 실질적인 모집 프로세스를 정하게 됩니다. 빌딩 단계의 마지막은 오리엔테이션으로, 커뮤니티에 참여한 이들이 처음 만나는 자리입니다. 이전까지 설렘과 긴장이 있었다면 이날을 기점으로 '내가 여기잘 왔구나.' '이런 사람들을 만나는구나.' '앞으로 이들과 어떤 걸 하게 될까?'라는 기대감이 들도록 만들어야 합니다.

① 가입 절차와 신청서

기본적으로 가입 절차와 신청서는 가입하려는 사람들에게 진입 장벽입니다. 이 장벽을 낮게 설정하여 누구나 쉽게 드나들게 할 것인지, 어렵게 설정하여 꼭 맞는 사람들 소수만 드나들 수 있게 할 것인지 결정해야 하죠. 이는 대상자의 모수와 의도에 따라 달라집니다.

　유료 커뮤니티인 경우 가입비가 지나치게 비싸면 가입하려는 사람이 적어질 것입니다. 무료 커뮤니티라고 하더라도 스펙이나 조건을 너무 높게 잡거나, 가입 절차가 너무 까다롭거나, 현실적이지 않은 요구를 한다면 지원할 수 있는 사람 범위 자체가 좁아지겠죠. 그래서 커뮤니티 목적에 맞추어 너무 높지도, 너무 낮지도 않은 진입 장벽을 설정하는 것이 중요합니다.

　많은 인원을 모집하려는 것이 아니라면 초대를 기반으로 인원을 모집할 수도 있습니다. 처음에는 리더의 초대를 받은 멤버들이 가입하고, 이후에는 기존 멤버의 추천을 받은 사람만이 가입할 수 있는 구조입니다. 이 방식은 다소 폐쇄적이지만, 구성원 간 결속을 강화하는 효과가 있어 적절히 활용한다면 좋은 시너지를 낼 수 있습니다.

❷ 모집 안내

모집 안내 단계에서는 대상자를 '어디서' '어떻게' 찾을 것인지에 대해 고민합니다. 대상자가 적으면 모집은 상대적으로 쉽습니다. 하지만 인원수가 늘어나거나, 특히 유료 커뮤니티를 운영하는 경우라면 더 넓은 곳에 알려야 하고 심지어 광고도 고려해야 합니다.

방법은 여러 가지예요. 우선 커뮤니티 콘셉트와 맞닿아 있는 이들이 모여 있는 커뮤니티나 그룹에 홍보할 수 있습니다. 가장 추천하는 방법입니다. 예산이 있다면, 소셜미디어 광고를 집행하는 것도 방법입니다. 그렇지만 아무리 해도 우리 커뮤니티의 지향점에 공감하는 사람들을 여럿 모으기란 쉬운 일이 아닙니다. 왜 그럴까요?

결국 모집이 어려운 이유는 필요한 사람이 어디에 있는지 모르는 상태에서 사람을 찾아야 하기 때문입니다. 그래서 요즘 커뮤니티 리더들에게 '팔로워'의 존재가 매우 중요해졌습니다. 저는 소셜미디어의 팔로워를 일종의 어장이라고 표현합니다. 넓은 바다 한가운데에서 원하는 물고기를 낚기란 불가능에 가깝습니다. 하지만 어장 안에는 특정 종류의 물고기가 일정 수준 모여 있으니 찾는 게 훨씬 쉽죠. 열 명의 커뮤니티 멤버가 필요한데 1천 명 정도의 느슨한 팔로워가 있다면 멤버 모집이 얼마나 쉽게 느껴질까요? 이미 나에게 관심을 가지고 있는 이들 안에서 1%의 멤버를 찾는 건 어렵지 않은 일입니다.

이런 느슨한 팔로워는 인스타그램, 유튜브, 페이스북, 틱톡, X 등 다양한 플랫폼을 통해 쌓일 수 있고, 각 플랫폼 자체 커뮤니티 기능이나 클럽 기능을 활용해 팔로워를 모을 수도 있습니다. 대표적인 사례가 프로젝트썸원의 윤성원 대표입니다. 그는 1인 대표로 월간·연간 유료 멤버십을 운영합니다. 그 역시 다양한 플랫폼에 여러 층위의 팔로워를 두고 있고, 그중 일부를 유료 커뮤니티로 전환시키고 있어요. 망망대해에서 멤버를 찾기보다, 자신이 만든 어장에서 멤버를 찾는 경우죠.

모집을 공개했는데 반응이 없다면?

다양한 방법으로 모집을 해도 반응이 없을 때가 있습니다. 그럴 때는 아래 요소들을 보완해 보세요. 또한 만들려는 커뮤니티에 관심이 있는 한 사람을 섭외해서 다양한 피드백을 받아 보세요.

- 리더나 운영진의 진정성과 전문성
- 활동 기간, 횟수, 전체 프로그램 구성
- 참가비와 그 금액의 적절함
- 무엇을 배우는지(프로그램)
- 무엇을 얻게 되는지(혜택과 리워드 구조)
- 온·오프라인 접근성(거리·시간·편의성)
- 참여자 조건 및 선발 기준

특히 오프라인 커뮤니티의 경우, 강북에 사는 사람이 강남까지 매번 와야 한다면 자연스럽게 포기할 수밖에 없습니다. 물리적 접근성도 중요한 판단 요소입니다.

❸ 오리엔테이션

'첫 댓글이 이어지는 모든 댓글의 분위기를 만든다!'라는 말이 있습니다. 시작이 중요하다는 얘기죠. 커뮤니티도 그렇습니다. 상상 속의 인물을 처음 대면하는 시공간이 바로 오리엔테이션입니다. 이날 분위기가 참여자의 기대를 만들고, 그 기대는 다시 참여자들의 적극적인 참여로 이어지고, 활발한 참여는 커뮤니티가 바라는 목적을 이루는 데 중요한 요소로 작용합니다.

그래서 오리엔테이션은 커뮤니티 빌딩에서 가장 섬세하게 준비해야 하는 부분입니다. 사람들은 오리엔테이션에서 기대와 상상으로만 가지고 있던 것들을 처음으로 대면합니다. 열심히 커뮤니티를 디자인하고 인원을 모집했어도 첫날에 좋은 인상을 심어 주지 못하면, 대거 이탈해 버리는 불상사가 발생할 수 있죠. 긍정적인 첫인상을 주면 신뢰가 단숨에 올라가고, 반대의 경우라면 기대가 꺼져버립니다. 그래서 참여자들이 궁금해 할 부분을 미리 예상하고, 그에 대한 충분한 준비가 필요합니다.

첫 대면의 즐거움을 만들기 위해 오리엔테이션은 가급적 오프라인에서 하길 권합니다. 좋은 공간이 주는 힘도 빌리고, 좋은 음식이 주는 즐거움도 있다면 경계심이 금세 낮아지죠. 서로 탐구하고 함께하려는 마음이 인센스 향처럼 곳곳에 퍼집니다.

그렇다고 무조건 오프라인에서 해야 하는 건 아닙니다. 애초에 온라인으로만 진행하는 커뮤니티도 있고, 참여자들이 멀리 떨어져 있어 모이기 어려운 경우도 있습니다. 다만 온라인 오리엔테이션의 난이도는 오프라인보다 높습니다. 비용은 적게 들지 몰라도 참여자들의 반응과 참여를 이끌어 내는 게 쉽지 않습니다. 그래서 온라인 오리엔테이션의 경우, 사회자나 진행자의 역할이 중요합니다.

좋은 분위기를 만들기 위해 참여자에게 준비물을 부탁하거나 그 준비물을 보내 주는 방법도 있습니다. 어떤 브랜드는 오리엔테이션 선물로 참여자들에게 노트와 볼펜 그리고 화이트 와인을 보냈다고 합니다. 오리엔테이션이 연말이기도 해, 각자 와인을 마시면서 참여하기를 유도한 것이죠. 분위기가 상상이 가시나요?

사람들이 오리엔테이션에서 직관적으로 느끼고 판단하는 것들은 다음과 같습니다.

- **리더**: 리더(운영진)의 태도와 능력은 어떠한가?
- **멤버**: 멤버 구성이 기대했던 바와 비슷한가?
- **콘셉트와 프로그램**: 콘셉트와 프로그램이 예상했던 것과 동일한가?
- **분위기**: 앞으로의 시간이 즐겁고 의미 있을 거라고 느껴지는가?
- **커뮤니케이션과 신뢰**: 이 커뮤니티가 안전하고 믿을 만하다고 느껴지는가?

사람들이 커뮤니티에 기대하는 건 사실 명확합니다. 실질적인 혜택은 대부분 사전에 안내되어 있죠. 어떤 프로그램을 듣게 되는지, 어떤 물리적 혜택이 제공되는지, 어떤 활동을 하게 되는지도 이미 알고 옵니다. 하지만 연대감, 성장 가능성, 재미와 흥미 같은 비가시적인 혜택은 만나야만 알 수 있습니다. 그래서 오리엔테이션의 핵심은 이 혜택들을 어떻게 느끼게 할 것인가에 있어요.

그러기 위해 가장 먼저 설명해야 할 것은 '누구와 함께하는지'입니다. 커뮤니티는 결국 사람이 중심입니다. 구성원에 대한 정보가 충분히 공유되면 처음의 낯섦이 크게 줄어들죠. 다른 멤버들은 처음 보지만, 온라인으로 소개를 접했던 리더에게 내적 친밀감이 느껴지는 이유도 그래서입니다. 같은 이유로 많은 커뮤니티에서는 오리엔테이션 전에 미리 참여자 명단과 간단한 프로필을 공유하기도 합니다. 어떤 일을 하는지, 어떤 고민을 갖고 있는지 정도만 알아도 첫 대면의 긴장은 눈에 띄게 낮아집니다.

명단 공개에서 조금 더 나아가 사전에 온라인에서 소통하며 자기소개를 하는 것도 좋은 방법입니다. 단체 메신저방의 공지 댓글 기능을 활용해 이름, 간단한 소개, 참여 이유를 짧게 공유하게 하면 사람들의 마음가짐이 적잖이 달라집니다. 서로를 미리 알고 간다는 것만으로도 '여기 괜찮을 것 같아.'라는 기대감이 형성되기 때문입니다.

오리엔테이션 당일의 프로그램은 무엇보다 '환대'를 중심에 두어야 합니다. 스태프와 운영진의 첫 환대는 생각보다 무척 큰 힘을 발휘해요. '내가 환영받고 있구나.' '내가 도움을 받고, 또 기여할 자리가 있겠구나.'라는 감각이 생기면 사람들은 금방 마음을 열죠. 멤버의 입장에서 이런 정서적 경험은 커뮤니티의 구조나 운영 디자인보다도 우선시되는 요소입니다. 만약 디자인이 조금 엉성하더라도 함께하는 사람들이 좋게 느껴진다면, 대부분의 참여자는 그 커뮤니티에 남습니다. 운영 매뉴얼은 피드백을 통해 얼마든지 개선할 수 있지만 사람 자체는 쉽게 바뀌지 않기 때문입니다.

요약하자면, 오리엔테이션의 목적은 '커뮤니티가 어떤 정서적 경험을 제공하려 하는지'를 자연스럽게 드러내고, 참여자들이 서로에게 따뜻한 기대감을 품도록 돕는 일입니다. 그러니 먼저 사람들이 안심하고 마음을 열 수 있는 환경을 준비한 뒤, 자신의 커뮤니티와 프로그램을 소개해 보세요.

④ 온고잉 커뮤니티의 오리엔테이션

모든 멤버가 같은 날 시작하는 시즌제 방식과 달리, 기존 멤버가 유지되면서 신규 멤버가 들어오는 온고잉(OnGoing) 커뮤니티도 있습니다. 온고잉 커뮤니티의 온보딩(Onboarding)은 시즌제로 운영되는 커뮤니티의 오리엔테이션과는 결이 조금 다릅니다. 이미 자리를 잡은 커뮤니티 안으로 새로운 사람이 들어오는 과정이기 때문에, 그들이 자연스럽게 적응할 수 있도록 설계된 별도의 프로그램이 필요하죠. 모두가 함께 참여하는 오리엔테이션과 달리, 최근에 합류한 소수의 멤버들이 기존 구조에 익숙해지는 시간이라고 볼 수 있습니다.

온보딩 프로그램에서는 먼저 신규 멤버에게 커뮤니티의

운영 방식, 규칙, 최근까지 업데이트된 운영 매뉴얼 등 사실적 정보들을 명확히 안내해야 합니다. 커뮤니티가 어떤 흐름으로 돌아가고 있는지, 어떤 멤버들이 활동 중인지, 참여 방식은 어떻게 되는지 등을 이해시키는 과정이 중요합니다. 이러한 사실들이 낯선 환경에 들어온 사람들에게 기본적인 지도를 제공하는 역할을 합니다.

하지만 그것만으로는 충분하지 않습니다. 온보딩의 핵심은 여전히 정서적 적응에 있습니다. 새로운 멤버와 기존 멤버 사이의 관계를 어떻게 자연스럽게 연결해 줄 것인가가 관건이죠. 이를 위해 기존 멤버 중 한두 명이 온보딩 자리에 함께 참여해 자신의 경험을 들려 주는 방식이 효과적입니다. "저도 처음에는 이런 점이 어려웠어요." "이런 식으로 적응했어요."와 같은 이야기들은 신입 멤버에게 안도감을 줍니다.

새로운 멤버들끼리도 '동기 의식'을 느낄 수 있도록 사전에 서로의 기본 정보를 공유할 수 있도록 하면 훨씬 편안해집니다. 입장 시기가 비슷하다는 사실만으로도 서로에게 정서적 지지 기반이 생기기 때문이죠. 여기에 기존 멤버와의 연결 고리까지 만들어지면, 커뮤니티 전체의 관계망 속으로 부드럽게 편입할 수 있습니다.

결국 온보딩이 제공해야 할 것은 오리엔테이션과 마찬

가지로 이곳에서 지지받을 수 있는지, 함께 성장할 수 있는지, 연대감을 느낄 수 있는지, 그리고 재미가 있는지를 가늠해볼 수 있는 장입니다. 새로운 멤버가 '여기라면 나도 함께 할 수 있겠다!'라는 감각을 얻도록 돕는 것, 그것이 온고잉 커뮤니티가 놓쳐서는 안 될 중요한 빌딩 포인트입니다.

오리엔테이션과 온보딩부터는 멤버를 직접 대면하거나 온라인 창구를 통해 멤버들과 소통하기 때문에, 어떤 태도를 가지고 그들을 대할 것인지도 무척 중요합니다. 이 부분에 대해서는 다음 장에서 설명하도록 하겠습니다.

커뮤니티 매니징

커뮤니티 디자인, 커뮤니티 빌딩을 거쳐 커뮤니티 매니징 단계로 접어들었습니다. 누군가가 세 단계 중에서 무엇이 가장 중요하냐고 물으면 저는 늘 '운칠기삼'이라고 답합니다. 운칠기삼은 원래 '운이 70, 재주나 노력이 30'이라는 뜻이죠. 그런데 커뮤니티에서는 '운영이 70, 기획이 30'이라고 바꿔 말할 수 있습니다. 그만큼 커뮤니티를 만들고 지속하는 데 있어서 운영이 중요합니다. 상황은 언제든지 변할 수 있기에, 새로운 상황에 맞는 유연한 대처가 필수적이죠. 매니징은 곧 커뮤니티의 성장에 연결됩니다. 그 성장을 돕는 아홉 가지 방법을 소개합니다.

❶ 진심으로 환대하고 이야기에 귀 기울이자

커뮤니티 운영에서 환대는 매우 중요합니다. 커뮤니티 호스트이자 운영자로서 참여자들에게 '내가 여기에서 환영받는 존재'라는 느낌을 지속적으로 전달해야 하죠. 커뮤니티 매니징의 가장 중요한 포인트라고도 할 수 있습니다.

예를 들어 제가 운영했던 경험 공유 살롱 '리뷰빙자리뷰'나 낯선대학, 트레바리 북클럽에서는 모임마다 처음 30~40분 정도를 온전히 참여자들의 이야기를 듣는 시간으로 할애했습니다. 모임이 2시간이든 3시간이든 상관없이, 한 주 동안 어떤 일이 있었는지를 한 명씩 차례로 물어보는 것입니다. 각자가 누구인지, 또 무엇을 했는지를 이야기할 수 있도록 하고 다른 사람들은 그 이야기에 귀 기울여 경청하도록 만들었습니다.

이는 단순히 커뮤니티에 입장해 귀만 열어두고 이야기를 듣다가 빠져나오는 것과는 전혀 다른 경험입니다. 참여의 장을 열어 주는 것이죠. 환대란 무엇일까요? 바로 '너의 자리가 여기에 있어.'라는 메시지를 전달하는 것입니다. 단순히 듣기만 하면 나의 자리가 매우 작아 보입니다. 하지만 근황을 묻고 말할 수 있게 하는 것은 "어서 오세요, 환영합니다.

당신의 자리는 바로 여기입니다."라고 말하는 것과 같습니다. 이를 통해 참여자들은 자신이 환영받는 존재라는 것을 깨달을 수 있습니다.

그렇기 때문에 참여자들의 이름을 부르고, 근황을 묻고, 고민을 들어 주는 작업이 매우 중요합니다. 물론 조직이 가진 문제의식을 함께 나누는 것도 중요하지만, 아이스브레이킹이나 서로의 안부를 묻는 작업도 의미 있고 중요합니다. 이런 환대를 통해 참여자들이 소속감을 갖게 되기 때문이죠. 정서적 연대감이야말로 커뮤니티가 목적을 향해 나아가는 데 있어 훌륭한 연료가 됩니다.

서로가 '솔직하게 털어놓을 수 있는 분위기'를 만드는 것도 중요합니다. 요즘 조직에서 많이 이야기하는 '심리적 안전감'이라고도 할 수 있습니다. '내가 이런 이야기를 해도 괜찮을까?'라는 불안이 사라지도록 환경을 꾸준히 조성해야 해요. 심리적 안전감이 조성되어 개인적으로 내밀한 이야기를 나누게 되면 커뮤니티에 대한 애착도 깊어집니다.

예전에 서로가 돌아가며 자신의 이야기를 50분 정도 길게 소개하는 프로그램을 운영한 적이 있습니다. 처음에는 서로 잘 모르는 상태이니 자연스럽게 사실 중심의 이야기, 혹은 인정받고 싶은 이야기 수준에서 머물렀죠. 그런데 어느

날 한 분이 정말 꺼내기 어려운 깊은 이야기를 꺼냈습니다. 눈물이 맺힐 정도의 진솔한 이야기였습니다. 그 순간이 하나의 전환점이 되었습니다. '저 정도까지 얘기할 수 있단 말이야?'라는 분위기가 만들어지면서, 처음으로 인간적인 이야기가 오가기 시작했죠. 이전까지는 주로 일 이야기만 나누다가, 각자가 겪어 온 실패나 상처처럼 꺼내기 어려운 이야기가 등장했어요. 그 순간 구성원들이 정서적으로 연결되면서 친밀도가 급격하게 올라갔다는 피드백이 정말 많았습니다.

이런 커뮤니케이션은 온라인에서도 어느 정도 가능합니다. 과거의 온라인은 텍스트만 오가는 방식이었기 때문에 깊은 정서적 연결을 만들기가 어려웠지만, 요즘은 온라인도 예전처럼 단순하지 않죠. 구글 미트나 줌처럼 얼굴을 보며 대화할 수 있는 툴이 많아지면서, 오프라인만큼은 아니지만 서로의 얼굴을 보고 대화하는 것이 자연스러워졌습니다. 이는 커뮤니티의 친밀도와 신뢰 형성에 큰 도움이 됩니다. 훨씬 더 입체적이고 인간적인 온라인 공간이 된 셈입니다.

② 멤버에게 역할을 부여하자

커뮤니티 멤버가 되면 서로가 서로에게 영향을 줍니다. 이때 멤버에게 어떤 역할이 주어지면 그 활동은 훨씬 자연스러워집니다. 초기에는 리더와 스태프들이 주로 커뮤니티 운영을 도맡지만, 조금씩 멤버에게도 참여할 기회를 주는 것이 중요합니다. 단순히 참석만 하는 것보다, 부여받은 역할을 수행하며 참여하는 것은 커뮤니티 참여의 동기와 깊이를 남다르게 하죠. 모두에게 소소한 역할이라도 맡겨 보세요. 훨씬 생기가 돕니다.

'이케아 효과'란 말이 있습니다. 소비자가 완제품보다도 직접 만들거나 조립한 제품에 대해 더 높은 가치를 부여한다는 의미예요. 이케아에서 판매하는 제품은 대부분이 고객이 직접 조립해야 하는 제품입니다. 같은 제품이어도 자신의 손길이 닿는 순간, 그 제품은 특별해집니다. 직접 만들었다는 느낌을 주기 때문입니다. 커뮤니티에서도 이 효과를 활용할 수 있습니다. 크고 작은 역할을 수행하며 이 커뮤니티에 기여했다는 느낌을 가지게 하는 것입니다. 서로가 커뮤니티에 도움을 주면서, 커뮤니티에 대한 애착과 관심은 더 커집니다.

참여자 간 관계가 안정되면 스태프의 역할까지 참여자

가 맡도록 해 보세요. 스태프는 조금씩 뒤로 물러나고 참여자가 더 전면에 나설 수 있도록 만드는 것입니다. 이러한 역할 부여는 언젠가 커뮤니티 활동이 종료되고 참여자들이 스스로 뭉쳐야 할 때도 도움이 됩니다. 앞서 스태프의 역할을 했던 이들이 보다 책임감을 가지고 커뮤니티를 챙기게 되는 것이죠. 알럼나이가 자연스럽게 구축됩니다.

카카오에서 동료들과 '100일 프로젝트'를 진행했을 때도 시즌이 거듭될수록 참여자 중에서 프로젝트 리더를 섭외했습니다. 처음 리더를 제안 받았을 때는 다들 주저했어요. 저는 그들의 걱정을 덜고 자신감을 북돋워 주려 노력했습니다. 결국 10여개 '100일 프로젝트' 리더를 모두 섭외했고, 그들 덕에 성공적으로 진행할 수 있었습니다. 혼자 했었다면 결코 할 수 없었던 일을 참여자의 적극적인 참여와 리딩으로 잘 마무리했던 것이죠.

❸ 피드백을 받고 커뮤니티를 업그레이드하자

커뮤니티 운영에서 중요한 태도 중 하나는 유연성입니다. 커뮤니티가 첫발을 떼고 시간이 지나 참여자들과의 실제 상호

작용을 거치면, 초기 디자인 단계에서는 예상하지 못했던 변수들이 드러나기 마련이죠. 이때 앞으로 나아가게 만드는 가장 큰 동력은 단연 피드백입니다. 피드백이 쌓여야만 커뮤니티가 개선되고, 운영 구조도 점점 더 정교해집니다.

그렇다면 피드백 방식은 어떻게 설계해야 할까요? 생각보다 단순합니다. 가장 쉬운 방법은 정기 설문조사입니다. 저의 경우는 구글 설문지를 통해 커뮤니티 활동의 좋은 점, 아쉬운 점, 개선 아이디어 등을 꾸준히 물었습니다. 이런 구조는 참여자들이 습관처럼 피드백을 남기게 하고, 운영자는 빠르게 조정할 수 있는 힌트를 얻게 됩니다. 설문 외에도 분기·반기 단위의 정기 회의, 모임 때마다 끝나기 전 짧은 회고, 또는 투표 기능 같은 아주 간단한 방식도 충분히 의미 있어요. 중요한 건 '참여자들이 피드백을 쉽게 줄 수 있는 환경'을 만드는 일입니다.

한편으로 피드백은 커뮤니티의 성과를 측정할 수 있는 지표이기도 합니다. 물론 출석률이나 활동 참여도 같은 정량 수치도 참고가 되지만, 실제로는 사람들의 에너지와 분위기 변화가 더 중요한 신호를 줘요. 참여자들이 스스로 다음 단계의 활동을 기대하고 다른 사람에게도 추천하는 분위기라면, 잘 운영되고 있는 것입니다. 반대로 반응이 없다면, 디자인 또는 운영 방식에 개선이 필요하다는 뜻이죠.

운영자는 평소 구성원들이 느끼는 불편함이나 기대를 꾸준히 관찰하고 체크해야 합니다. 이런 관찰과 피드백의 축적이 커뮤니티의 지속가능성을 판단하는 핵심 기반이 됩니다. 특히 기업 커뮤니티라면 더욱 명확한 목적과 미션이 존재하기 때문에, 그 목표에 얼마나 부합하는지를 지속적으로 점검해야 합니다. 예를 들어 파트너 커뮤니티의 경우 포스팅 수나 활동 기여가 실제 비즈니스에 어떤 영향을 주는지까지 함께 확인해야 하죠.

커뮤니티는 광고처럼 반응이 즉각적으로 나타나지 않습니다. 관계 기반으로 움직이기 때문에 성과가 드러나기까지 시간이 필요해요. 그렇기에 장기적인 관점을 가져야 합니다. 참여자와의 관계를 얼마나 진정성 있게 쌓고 있는지가 성과를 판단하는 가장 중요한 기준이 되죠. 앞으로의 비즈니스 환경에서 고객과의 관계가 더욱 중요해지는 만큼, 커뮤니티 성과 측정은 수치뿐만 아니라 관계의 질을 함께 살펴보는 방향으로 확장될 것입니다.

이렇게 쌓인 피드백은 단순히 개선을 위한 참고 자료가 아니라, 커뮤니티가 지속적으로 업데이트되는 구조를 가능

하게 합니다. 커뮤니티는 제조업처럼 완성된 설계도를 찍어
내는 방식이 아닙니다. 운영 과정에서 발견되는 의견을 흡수
해 구조를 다시 설계하고, 필요하면 규칙을 수정하며 지속적
으로 업그레이드해야 합니다. 결국 디자인과 매니징은 하나
의 순환 구조이며, 피드백이 그 순환을 움직이는 엔진입니다.

④ 리워드를 업그레이드하고 업데이트하자

초기에는 정량적(물질적·금전적) 리워드가 크게 보일 수 있습
니다. 그러나 커뮤니티 디자인에서 리워드를 소개할 때 정성
적 리워드가 중요하다고 한 것, 기억하시나요? 정성적 리워
드는 초기 세팅 값에서 참여자 피드백과 다른 커뮤니티의 사
례 등을 통해 업그레이드하는 것이 필요합니다. 그리고 이를
꾸준히 멤버들에게 업데이트해야 합니다.

낯선대학의 리워드 중 하나는 졸업장이었습니다. 참여
빈도와 상관없이 예정된 졸업식에 참여하면 제공되는 작은
보상이었죠. 그런데 출석률이 조금씩 떨어지는 게 보였습니
다. 그래서 졸업장을 받을 수 있는 기준을 다시 알리고, 그 기
준을 충족하지 않으면 수료증을 제공하는 방식으로 리워드

를 변경했어요. 이 작은 업데이트만으로도 이후 참여율은 올라갔습니다.

또 다른 예로, 카카오 100일 프로젝트에서는 페이백 시스템을 만들었습니다. 100일 동안 꾸준히 무언가를 수행하는 프로젝트에 참가비를 내고 참여한 뒤, 실제로 참여한 날짜의 수만큼 계산하여 돈을 돌려주는 구조입니다. 사람들은 돈을 더 많이 돌려받고 싶다는 동기부여를 얻게 됩니다. 이런 페이백 시스템도 보상의 일종입니다. 내가 더 열심히, 더 노력했을 때 받을 수 있는 것이니까요. 한편 참여를 못한 날만큼 돌려받지 못한 돈은 사회공헌팀을 통해 기부를 하기로 했습니다. 이 소식을 참여한 멤버들에게 업데이트하니, 재밌는 현상이 나타나기 시작했습니다. 미션 참여를 안 해도 좋고, 해도 좋으니 말입니다. 핵심은 이 결정으로 100일 프로젝트가 다시 활력을 가졌다는 것입니다.

서울대학교 소비트렌드분석센터의 '트렌더스날'이라는 직장인 대상 커뮤니티는 보상을 잘 설계한 커뮤니티입니다. 김난도 교수님과 서울대 연구원들이 함께 집필하는 《트렌드 코리아》 시리즈는 단순한 조사만으로 얻기에는 방대한 양을 담고 있습니다. 그래서 이들은 현장에서 일하고 있는 150명 내외의 직장인들을 선발합니다. 이들이 각 분야의 다양한 트렌드를 센싱해서 리포트를 작성하면, 연구원들이 그것을 보고 정리하고 요약해서 책으로 출간하는 것이죠.

이들에게도 리워드가 있고 매 시즌 업그레이드와 업데이트를 이어 왔습니다. 우선 정기적인 세미나 참여 기회도 있고, 멤버들과의 네트워킹도 있지만 가장 중요한 것은 《트렌드 코리아》 책 뒷면에 본인의 이름이 들어간다는 것입니다. 이런 요소가 참여자들에게는 엄청난 주인 의식과 자부심을 줍니다. 책에 이름이 적힘으로써 느끼는 '내가 이 책의 출간 과정에 기여했다.'라는 뿌듯한 감정은 큰 보상입니다. 이런 것들이 모두 리워드 시스템에 포함됩니다.

⑤ 1:9:90 법칙을 기억하자

커뮤니티 운영에서 반드시 기억해야 할 것이 '1:9:90 법칙'* 입니다. 1:9:90은 참여도에 따른 커뮤니티 멤버의 비율을 의

---

*   사용자 경험 연구자 제이콥 닐슨(Jakob Nielsen)이 제시한 법칙. 커뮤니티 사용자의 참여 비율이 대체로 90%의 관망족(Lurkers), 9%의 가끔 참여자(Contributors), 1%의 핵심 창작자(Creators)로 구성된다는 내용이다.

미합니다. 커뮤니티에 100명이 있다면 1명은 슈퍼팬에 가깝고 9명은 팬, 90명은 지지자라고 할 수 있죠.

커뮤니티 리더나 운영자가 가장 어려워하는 부분이 바로 이것입니다. '왜 90%의 사람들은 가만히 있을까?' '함께하기 위해 들어왔는데 왜 소극적일까?'라며 고민을 거듭하죠. 하지만 어느 조직에나 90은 존재해요.

중요한 것은 이 숫자가 고정된 값이 아니라는 점입니다. 1:9:90이라는 비율은 존재하지만, 그 수는 정해져 있지 않습니다. 커뮤니티가 100명에서 200명으로, 200명에서 500명으로 확장될수록 슈퍼팬은 1명에서 2명, 5명으로 늘어나죠. 따라서 90명의 사람을 90으로 계속 남겨 두는 것이 아니라, 어떻게 커뮤니티를 더 확장해서 새로운 90을 유입하고 기존의 90을 9로 이동시킬지를 고민해야 합니다.

예를 들어볼까요? 1:9:90 중 1이 온라인 게시판에 글을 쓰는 사람이라고 한다면, 9는 그 글에 댓글을 다는 사람이고, 나머지 90은 그냥 보기만 하는 사람일 것입니다. 이때 기획자가 이 90을 좀 더 활성화하기 위해 쉽게 활동할 수 있는 장치를 보완한다면 어떻게 될까요?

그렇게 등장한 서비스가 바로 '공감 버튼 누르기'입니다. 이전까지는 읽기만 했던 사람들, 댓글을 쓰는 것조차 귀찮은 사람들에게 정말 쉬운 동작을 만들어 주었죠. 그랬더니 사람들이 조금씩 자신을 표현하고 움직이기 시작했습니다. 이런 작은 움직임들이 누적되고 반복되면 댓글로 넘어가고, 댓글이 누적되고 반복되면 글쓰기로 옮겨갑니다. 1:9:90 법칙을 활용해 이런 방식으로 징검다리를 계속 만들어 주어야 커뮤니티를 확장할 수 있습니다.

90에 해당하는 사람들은 존재감은 크지만 활동성이 떨어집니다. 하지만 이들 역시 커뮤니티의 참여자이며, 결정적인 순간에는 90에 해당하는 사람들의 목소리가 중요한 역할을 할 수 있어요. 또한 커뮤니티에 새로 들어오는 사람들은 모두 처음에는 90에 해당하는 사람으로 시작합니다. 커뮤니티 멤버들이 계단을 밟아 나갈 수 있도록, 90에게는 9가 모델이 되고 9에게는 1이 모델이 될 수 있도록 작은 장치들을 설계해야 합니다. 90 역시 매우 의미 있는 존재라는 것을 인정하고, 90을 단지 그 자리에 그대로 두는 게 아니라 그들이 어떻게 하면 행동하고 자신을 표현할 수 있을지 고민해 보세요. 그렇게 할 때 커뮤니티가 한 단계 성장할 수 있습니다.

◉ 기록을 남기자

커뮤니티에 있어서 기록은 매우 중요합니다. 기록이 없으면 커뮤니티 내부 사람들조차 그동안 무엇을 쌓아 왔는지 잘 모르죠. 특히 커뮤니티는 관계 중심이다 보니 기록하지 않으면 대화나 교류들이 흩어지기 쉽습니다. 그래서 어떤 프로젝트나 활동을 진행할 때 사진이나 텍스트로 꾸준히 남기고 쌓아두는 것이 중요합니다. 결국 이 기록이 모여 커뮤니티를 증명하는 셈이니까요.

기록에는 무엇을 했는지에 대한 글, 사진, 영상 그리고 참여자 후기가 있습니다. 글, 사진, 영상은 스태프가 챙기지만 후기는 참여자의 몫입니다. 생각보다 참여자 리뷰를 받기가 어려우니, 모임 시간 안에 후기를 작성하는 시간을 따로 마련하기를 추천합니다. 저도 트레바리 북클럽에서 매번 후기를 신신당부했지만 생각보다 참여율이 저조해 고민인 때가 있었습니다. 그래서 어느 날은 모임을 조금 일찍 마치고, 5분이란 시간을 확보한 후 후기를 요청했어요. 그랬더니 모두가 후기를 남겼습니다.

기록을 공유하는 것도 중요합니다. 나만 보는 일기장이 되어서는 안돼요. 커뮤니티 활동 전반이 글, 사진, 영상으로 쌓여 내외부로 공유가 되면 새로운 멤버를 영입하기도 쉬워지고, 다음 시즌 준비도 어렵지 않습니다. 물론 사전에 참여자의 초상권 동의를 반드시 받아야 한다는 점을 유의해야 합니다. 초상권 동의는 커뮤니티가 처음 시작할 때 받아 두는 것이 좋습니다.

어떤 사람들이 모였는지, 그들이 모여서 무슨 이야기를 했는지, 어떤 표정을 지었는지 기록하고, 가능하면 공개하세요. 기록은 커뮤니티의 성장과 확장에 큰 도움이 되니, 이 부분을 놓치지 않으면 좋겠습니다.

⑦ 특별한 경험을 만들고 성장을 돕자

특별한 경험과 성장은 정성적 리워드와 통하면서도 또 다른 영역입니다. 커뮤니티 활동 기간 중에는 계획된 활동 외에도 여러 가지를 시도하고 진행하게 됩니다. 작은 축제를 만들 수도 있고, 플리마켓을 열어 색다른 경험을 하기도 하고, 외부 행사에 하나의 이름으로 참여해 연대감을 고취할 수도 있고, 공모전 등에 지원해 기대 이상의 성과를 얻을 수도 있습니다.

이러한 이벤트는 스태프의 기획도 필요하지만, 참여자

들이 직접 기획해서 진행하면 더 효과적입니다. 커뮤니티를 팀으로 나누고, 각 팀에 함께할 수 있는 이벤트를 기획하도록 하는 미션을 주는 것도 방법입니다. 심사를 통해 비용을 지원할 수도 있습니다. 더 큰 동기부여를 하는 것이죠.

함께 즐겁고 의미 있는 경험을 하는 것은 연대감을 높이는 데 더할 나위 없이 중요합니다. 이런 경험들이 하나하나 모이고 쌓여 참여자의 성장을 만듭니다.

⑧ 중요한 건 리마인드, 또 리마인드

사람들은 대개 바쁘고 여러 커뮤니티에 참여합니다. 그래서 중요한 안내는 계속 상기시키지 않으면 놓치거나 잊어버립니다. 처음 디자인 단계에서 동기부여 요소(리워드)를 설계했다면, 운영 과정 전반에서 계속해서 상기시키고 반복적으로 이야기해야 합니다. 꾸준히 리마인드해야 실제로 활용될 수 있어요.

만약 지속적으로 알려도 잘 작동하지 않는다면 업데이트가 필요하다는 신호입니다. "이번주까지 참가비를 내야 합니다."라고 안내했지만, 참여자들 반응이 미미하다면 다른 방식의 커뮤니케이션이 필요합니다. 가령 이제까지 단체 안내만 했다면 이메일을 보냅니다. 그리고 반응을 살펴 문자를 보내고, 개별 안내를 합니다. 여기까지 했는데도, 반응이 없다면 전화로 안내를 합니다. 생각보다 많은 사람이 중요한 사항들을 쉽게 잊기 때문에, 그럴 때는 여러 가지 방법을 동원해 정보를 전달하거나 공유해야 합니다.

커뮤니티를 운영하다 보면, 멤버들끼리 잡담은 많이 나누지만 정작 커뮤니티의 주제와 관련된 핵심 활동은 참여가 저조하거나 예상과 다른 패턴이 나타나기도 합니다. 그럴 때는 어떻게 하면 메인 프로그램에 더 적극적으로 참여하도록 유도할 수 있을지 고민해야겠죠. 작은 이벤트를 열지, 특정 상품을 걸지, 혹은 전혀 다른 접근을 시도할지 등을 조정하게 됩니다. 이렇게 단순 리마인드만으로 충분하지 않을 때는 참여자들이 움직일 수 있는 동기까지 함께 설계해야 합니다. 그리고 계속해서 리마인드해야 해요.

바쁜 사람들이 모였다는 걸 생각한다면, 한두 번의 안내로 그들이 일사분란하게 움직일 거라고 기대해서는 안됩니다. 그러니 그들에게 인식되고, 그들을 움직이게 하려면 방법이 필요하죠. 단체 안내, 개별 안내 등 다양한 방법을 동원해 반복적으로 알려야 합니다. 커뮤니케이션에서 문제가 있다면 대개 수신자에겐 문제가 없습니다. 발신자에게 문제가 있습니다. 이걸 기억해 주세요. 그러니 중요한 건 리마인드하고, 또 리마인드해야 합니다.

⑨ 디자인과 매니징의 순환

결국 디자인과 매니징은 하나의 순환 구조입니다. 멤버들의 참여를 자연스럽게 유도하면서 디자인도 뾰족해지죠. '이런 피드백이 계속 나오네. 그러면 무엇을, 어떻게 디자인하지?'라고 생각하면서 디자인 단계로 다시 돌아가는 것입니다. 결국 운영 과정 전반이 디자인 단계에서 세운 구조를 계속 보완하고 강화하면서 참여자들의 참여를 자연스럽게 끌어낼 수 있도록 만드는 과정이라고 할 수 있습니다.

제조업은 완성된 디자인 설계도를 가지고 제품이 나오지만, 커뮤니티는 계속 업데이트됩니다. 피드백을 받았으면 이 피드백을 커뮤니티에 어떻게 적용할지 고민하고, 새로운 룰이 필요하다고 생각하면 룰을 업데이트하고 수정하는 과정을 반복하죠. 이런 방식으로 디자인 자체가 점점 정교해지는 것입니다.

운영자라면 변화를 두려워하지 말고, 피드백을 열린 마음으로 받아들이며 커뮤니티를 '살아 있는 구조'처럼 다뤄 주세요. 변화와 피드백은 커뮤니티를 좋은 방향으로 나아가게 만드는 나침반입니다. 그러니 중요한 건 리마인드하고, 또 리마인드해야 합니다.

지금까지 커뮤니티를 성공적으로 운영하기 위한 여러 가지 방법들을 알아보았습니다. 이번엔 반면교사로 삼을 수 있는 실패하는 커뮤니티의 특징에 대해 설명해 보려고 합니다.

① 지나친 목적의식

커뮤니티가 실패하는 경우를 보면, 공통적으로 '커뮤니티 자체가 목적이 되어버린 순간'이 찾아옵니다. 커뮤니티는 원래 어떤 결과에 도달하기 위한 과정이어야 해요. 그런데 커뮤니티 자체를 더 좋게 만드는 것에만 집중하기 시작하면 커뮤니티의 분위기가 금세 무거워지고 엇박자가 생깁니다. 커뮤니티의 핵심인 '유연함'이 사라지기 쉽죠. 구성원들도 리더의 욕심을 금방 감지합니다. 커뮤니티는 모두가 함께 존재하기에 잘 굴러가는 구조입니다. '내' 커뮤니티라는 생각에 집중하기 시작하면 균형이 깨지고 신뢰가 무너져요.

② 부족한 멤버 필터링

또 하나의 중요한 실패 요인은 누구를 받아들이느냐입니다. 커뮤니티의 성패는 멤버 구성이 결정한다고 해도 과언이 아닙니다. 커뮤니티가 추구하는 지향점에 맞는 사람들을 잘 선정해 함께해야 하죠. 하지만 필터링이 정말 어렵습니다. 트레바리는 다소 높은 모임 비용을 아까워하지 않고 가치 있다고 여기는 사람과 모임 전까지 독후감을 제출할 수 있는 사람이라는 문턱을 두었고, 낯선대학은 추천을 통해서만 커뮤니티에 참가할 수 있는 추천제를 통해 서로가 서로에게 책임을 가지는 구조를 만들었습니다. 이처럼 커뮤니티에 맞는 사람들을 잘 모을 수 있는 장치를 고민해야 합니다.

③ 리더의 과부하

규모가 커졌을 때 리더가 모든 책임을 짊어지려는 것도 흔한 실패 원인 중하나입니다. 열 명 정도의 작은 모임은 혼자서도 충분히 운영할 수 있지만, 규모가 커지면 반드시 역할을 나눌 수 있는 구조가 필요해요. 이케아 효과, 기억나시죠? 참여자에게 아주 작은 역할이라도 맡기면 단순한 참여자를 넘어 공동의 호스트처럼 느끼게 되고, 커뮤니티에 애착이 생깁니다. 옷을 걸어주는 역할, 음식을 나르는 역할처럼 사소한 역할이어도 충분히 소속감을 키울 수 있는 여지가 됩니다. 물론 무조건 역할을 부여한다고 좋은 것은 아닙니다. 너무 과한 역할을 맡기거나 부담을 주면 역효과가 생기니, 서로 부담스럽지 않은 선에서 역할을 나누는 것이 좋아요.

④ 업데이트되지 않는 룰

마지막으로 자주 발생하는 문제는 룰이 업데이트되지 않는 것입니다. 초기에는 규칙이 느슨할 수 있지만, 운영을 이어 가다 보면 예기치 못한 문제가 생기기 마련이죠. 문제를 해결할 수 있는 새로운 룰을 제때 마련하지 않으면 커뮤니티는 점점 시끄러워지고 불만이 쌓여 무너지기 쉽습니다. 중요한 것은 문제를 사람 탓으로 돌리지 않고 시스템의 문제로 인식하는 태도입니다. 예를 들어 모임에 5~10분 정도 늦는 것은 허용했는데, 누군가가 지속적으로 늦게 참석해 분위기를 흐린다면 이 문제에 대해 다시 이야기해야겠죠. 혼자 결정하기보다 멤버들과 함께 논의하는 것이 좋습니다.

⑥ 만족스럽지 않은 프로그램

커뮤니티 참여의 목적은 참여자의 성장과 변화 그리고 영감을 주는 교류에 있습니다. 멋진 멤버들과 모였을지라도, 탁월한 리더와 운영진이 있을지라도 그들은 커뮤니티 활동을 도울 뿐입니다. 중요한 건 커뮤니티 프로그램을 통해 긍정적 변화를 경험하고 있는지에 대한 확신입니다. 중간 이탈자가 있다면 가장 많은 이유가 프로그램에 대한 좋지 못한 경험일 확률이 높습니다. 그렇다면 이런 걸 어떻게 사전에 감지하고 보완할 수 있을까요? 앞서 매니징 단계에서 언급한 '피드백'을 반영해야 합니다.

정리하자면 과도한 목적, 멤버 혹은 리더의 문제, 정체된 룰 그리고 만족스럽지 않은 프로그램이 실패하는 커뮤니티에서 쉽게 발견할 수 있는 이슈입니다. 커뮤니티는 모두가 함께 만들어 가야 합니다. 그 과정을 잘 관리하지 못하면 작은 문제도 금세 균열로 번지고, 좋은 의도로 만든 커뮤니티조차 쉽게 흔들리게 됩니다.

꾸준히 참여하게 되는 커뮤니티의 비밀

참여자들이 개인 사정으로 자꾸 빠지는 문제에 대해 고민하는 커뮤니티 리더가 많습니다. 이 문제는 어느 커뮤니티에서나 자연스럽게 발생합니다.

멤버들도 물론 커뮤니티에 책임감을 가지지만, 커뮤니티를 운영하는 리더나 호스트가 가진 책임감에는 비할 수 없습니다. 멤버들은 이 커뮤니티 하나만 속해 있는 게 아니라 여러 관계와 일정 속에서 살아가고 있기 때문입니다. 모임 날에 가족이 아플 수도 있고, 하필 가장 친한 친구의 생일일 수도 있습니다. 어떤 일정을 선택할 것인지는 참여자의 선택인 것이죠. 만일 이런 중요한 상황임에도 커뮤니티에서 얻을 것이 있다고 느껴질 때는 분명히 올 것입니다. 반대로 다른 선택지에서 더 큰 가치를 찾으면 그쪽으로 이동하기도 합니다. 즉 다른 선택지와도 경쟁하고 있는 셈입니다.

그래서 커뮤니티에는 꾸준히 오는 사람, 가끔 오는 사람, 아주 간헐적으로 오는 사람이 함께 존재하는 것이 자연스럽습니다. 이때 리더는 흔히 "내가 뭘 잘못하고 있나?"라고 고민하지만, 사실 대부분의 경우 이유는 매우 단순합니다. 사람들이 바쁘기 때문입니다. 일과 가정 사이에서 생활하다 보면 커뮤니티의 우선순위는 언제든 흔들릴 수 있습니다.

그렇다면 리더는 무엇을 할 수 있을까요? 저라면 꾸준히 참여하는 사람이 우리 커뮤니티에서 어떤 가치를 얻고 있는지를 잘 관찰할 것입니다. 대화를 나누어 볼 수도 있죠. 그리고, 그 가치가 더 많은 사람에게 퍼질 수 있도록 작은 계단을 만드는 것이 중요합니다.

모든 사람이 처음부터 커뮤니티에 깊게 참여할 수는 없습니다. 어떤 사람은 가까이 있고, 어떤 사람은 아주 멀리 명왕성 같은 곳에 있을 수도 있죠. 중요한 건 멀리 있는 사람들이 한 계단씩 안쪽으로 들어올 수 있는 구조와 경험을 만드는 것입니다. 이 관점은 '1:9:90 법칙'과도 연결됩니다. 90에 해당하는 느슨한 참여자들을 당장 끌어올 수는 없지만, 조금씩 9로 나아갈 수 있는 작은 기회들을 제공해야 해요.

참여율이 떨어질 때 사람의 문제로만 보지 않고, 시간·운영 방식·시스템의 문제로 접근해 보는 방법도 좋습니다. 처음 커뮤니티가 시작됐을 때 높았던 참여도는 몇 주, 몇 달 지나면서 자연스럽게 떨어지기 마련입니다. 이럴 때는 시간대를 조정하거나 참여 방식에 변화를 주는 등 '구조적 개선'을 시도할 수 있어요. 그러면 다시 새로운 흐름이 만들어질 수 있습니다.

결국 핵심은 두 가지입니다. 참여자의 자연스러운 리듬을 너무 개인적인 문제로 받아들이지 않기, 느슨한 참여자들이 한 단계 더 가까워질 수 있는 장치를 호스트와 멤버들이 함께 고민하기. 이 두 가지만 잘 잡아도 커뮤니티는 훨씬 안정적으로 운영될 수 있습니다.

3장

커뮤니티
매트릭스

커뮤니티 매트릭스란 무엇일까?

기업이 고객 커뮤니티를 만들 때는 대부분 앞서 살핀 커뮤니티 비즈니스의 유형 중 간접 비즈니스를 지향합니다. 기업은 돈을 벌기보다, 기존 고객을 유지하고 신규 고객을 유치하기 위한 방법, 새로운 제품과 서비스를 알리기 위한 방법으로 커뮤니티를 활용하죠. 그런 측면에서 이번 '커뮤니티 매트릭스'는 기업이 고객 커뮤니티를 만들기 전에 어떤 기준점을 가지면 좋을지 보여 줍니다.

커뮤니티 매트릭스는 커뮤니티를 두 개의 축으로 나누어 살펴보는 방법이에요. 먼저 가로축은 커뮤니티가 지향하는 가치입니다. 참여자 개인의 변화와 성장을 최우선 목표로

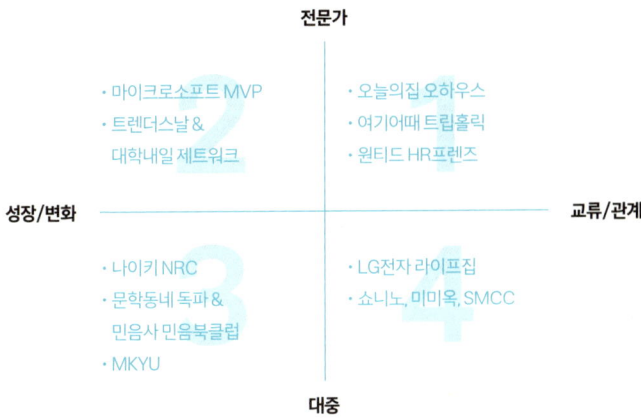

커뮤니티 매트릭스

전문가

· 마이크로소프트 MVP
· 트렌더스날 &
  대학내일 제트워크

· 오늘의집 오하우스
· 여기어때 트립홀릭
· 원티드 HR프렌즈

성장/변화 ———————————————— 교류/관계

· 나이키 NRC
· 문학동네 독파 &
  민음사 민음북클럽
· MKYU

· LG전자 라이프집
· 쇼니노, 미미옥, SMCC

대중

하는지, 혹은 참여자 간 교류와 관계를 우선으로 하는지를 기준으로 삼았습니다. 세로축은 타깃입니다. 특정 전문성을 가진 사람들을 중심으로 한 커뮤니티인지, 아니면 자발적인 애정과 관심을 가진 대중을 대상으로 한 커뮤니티인지를 나눠요. 이 두 축이 만나 네 개의 사분면이 만들어집니다.

첫 번째는 전문가를 타깃으로 하면서 교류와 성장을 지향하는 커뮤니티입니다. 이 유형을 '전문성 확장형 교류 커뮤니티'라 부를 수 있습니다. 이곳에 모인 사람들은 이미 일정 수준의 전문성을 갖추고 있으며, 커뮤니티는 그 전문성을 더 심화시키기보다 밖으로 확장시키는 역할을 합니다. 참여자들은 서로 연결되고, 자신의 경험과 노하우를 드러내며, 새로운 기회를 만나죠. 오늘의집 오하우스, 여기어때 트립홀릭, 원티드 HR프렌즈가 대표적인 사례입니다. 이 커뮤니티들은 개인의 역량을 검증하거나 훈련하기보다는, 이미 가진 전문성을 기반으로 관계와 네트워크를 넓히는 데 초점을 맞춥니다. 물론 이 과정에서 성장이 일어나기도 하지요.

두 번째는 전문가를 타깃으로 하되 성장과 변화를 지향하는 커뮤니티입니다. 이를 '전문성 단련형 성장 커뮤니티'라고 정의할 수 있습니다. 마이크로소프트 MVP, 트렌더스날, 대학내일 제트워크가 여기에 속합니다. 이 커뮤니티들은 멤버들끼리의 교류보다 '선발, 검증, 역량 강화'에 초점을 맞춥니다. 참여자들은 기준을 통과해 커뮤니티에 들어오고, 내부에서는 지속적으로 전문성을 연마하고 고도화하는 경험을 하게 돼요. 다시 말해, 전문가를 더 전문가답게 만드는 데 집중합니다.

세 번째는 자발적인 애정과 관심을 가진 대중을 타깃으

로 하면서 성장과 변화를 지향하는 커뮤니티입니다. '일상형 성장 커뮤니티'라고 부를 수 있습니다. 김미경 대표의 MKYU, 나이키 NRC, 문학동네 독파, 민음사의 민음북클럽이 대표적인 사례입니다. 이 커뮤니티들은 특정 분야의 전문가가 되기보다는 일상 속에서 조금 더 나은 습관과 태도를 만들어 가는 데 초점을 둡니다. 달리기를 꾸준히 하거나, 책을 끝까지 읽거나, 자신의 리듬을 만들어 가는 과정 자체가 커뮤니티의 핵심 경험이 됩니다. 성장의 크기는 작을 수 있지만, 참여자 개인의 일상에 실질적인 변화를 만들어 낸다는 점에서 의미가 큽니다.

네 번째는 대중을 타깃으로 하면서 교류와 성장을 지향하는 커뮤니티입니다. 이를 '일상형 교류 커뮤니티'라고 할 수 있습니다. LG전자 라이프집, 쇼니노·미미옥·SMCC와 같은 브랜드 커뮤니티가 여기에 해당합니다. 이 커뮤니티들은 습관 형성 같은 특정한 목표 달성이나 훈련보다는, 취향과 관심사를 매개로 한 느슨한 연결에 가치를 둡니다. 참여자들은 서로의 일상을 구경하고, 공감하고, 관계를 맺는 과정에서 자연스럽게 커뮤니티에 머무르죠. 성장이라는 단어보다는 '함께 있음'과 '계속 연결됨'에 가까운 경험을 제공합니다.

다음 장에서는 커뮤니티 매트릭스를 기준 삼아 다양한 기업 커뮤니티 사례를 살펴봅니다. 이렇게 커뮤니티를 네 개의 사분면으로 나누어 살펴보면, 기업 커뮤니티는 단순히 사람을 모은다는 차원을 넘어 어떤 성장과 어떤 관계를 설계하고 있는지에 따라 전혀 다른 모습으로 작동한다는 점을 확인할 수 있습니다.

고객이 아닌
파트너를 만들다

오늘의집 오하우스

\# 전문성 확장형 교류 커뮤니티

기업의 고객 커뮤니티 사례를 이야기할 때 '오늘의집'을 빼놓고 설명하기는 어렵습니다. 오늘의집은 고객 커뮤니티가 어떻게 기업의 비즈니스 성장과 자연스럽게 연결될 수 있는지를 보여 주는 대표적인 사례이기 때문이죠.

오늘의집 커뮤니티는 크게 세 단계로 나누어 살펴볼 수 있어요. 첫 번째 단계는 콘텐츠 커뮤니티입니다. 오늘의집은 인테리어 콘텐츠를 중심으로 한 커뮤니티로 출발한 브랜드입니다. 사용자들이 직접 만든 인테리어 콘텐츠가 플랫폼에 쌓이면서, 인테리어에 관심 있는 사람들이 자연스럽게 모이기 시작

했습니다. 콘텐츠와 커뮤니티가 결합된 2C 구조였죠. 이 시너지가 커지면서 커머스가 더해졌고, 오늘의집은 무신사와 유사한 3C 브랜드로 성장하게 되었습니다. 사용자들이 만든 콘텐츠는 단순한 정보가 아니라 구매를 자극하는 강력한 신호가 되었고, 이는 가파른 성장으로 이어졌죠.

하지만 성장 곡선이 점차 완만해지자, 오늘의집은 새로운 변화를 모색해야 했습니다. 인테리어를 넘어 2030 여성을 중심으로 하는 라이프스타일 전반으로 확장하기로 한 것입니다. 이 과정에서 오늘의집이 선택한 전략 중 하나가 바로 '오하우스' 커뮤니티입니다. 대개 빠른 성과를 내기 위해 브랜드와 상관없는 유명한 인플루언서를 연결해 커뮤니티 프로젝트를 띄우는 경우가 많은데, 오늘의집은 그간 오늘의집에서 꾸준히 활동을 해 온 사용자를 기반으로 새로운 콘텐츠 커뮤니티를 조직한 것입니다. 이것이 오늘의집 커뮤니티의 두 번째 단계입니다.

오하우스의 첫 시즌 멤버들은 대부분 오늘의집에 꾸준히 콘텐츠를 올리던 사용자들이었습니다. 콘텐츠 방향과 커뮤니티의 목적에 잘 맞는 사람들을 섭외하고 권유해 구성했죠. 이 선택은 결과적으로 매우 효과적이었습니다. 많은 기업이 고객 커뮤니티를 만들 때 유명 인플루언서를 앞세우지만, 기대만큼의 성과를 내지 못하는 경우도 적지 않아요. 서로의 맥락과 기대가 어긋나 갈등으로 이어지기 쉽기 때문입니다. 반면 오하우스는 이미 같은 플랫폼 안에서 활동해 온 사람들이었기에 방향성과 니즈가 비교적 잘 맞았고, 시작부터 큰 시행착오 없이 운영될 수 있었습니다.

오하우스 멤버들이 자신의 인스타그램 프로필에 활동 기수를 표기하는 모습도 인상적이었습니다. 대부분의 브랜드 협업이나 커뮤니티 활동은 스토리처럼 일시적으로 공유되는 경우가 많습니다. 그런데 오하우스는 프로필에 남길 만큼 참여자들에게 자부심을 주는 경험이었습니다. 그 결과 다음 시즌부터는 초대보다 자발적인 지원자가 훨씬 많아졌죠. 오하우스는 시즌 1에서 시작해 시즌 10까지 이어졌습니다. 공간과 인테리어를 넘어 살림, 요리, 라이프스타일, 기록과 에디팅 등 다양한 분야의 콘텐츠가 생산되었고, 이는 오늘의집이 다음 단계로 확장할 수 있는 기반이 되었어요.

참여 규모도 눈에 띄게 성장했습니다. 시즌 1은 약 150명으로 시작했지만, 시즌이 거듭될수록 참여자는 늘어 시즌 10에는 1,000명을 넘어섰죠. 그만큼 매달 쏟아지는 콘텐츠의 양과 영향력도 커졌습니다. 운영 방식 또한 독특했습니다.

오늘의집 홈페이지의 크리에이터 활동 소개

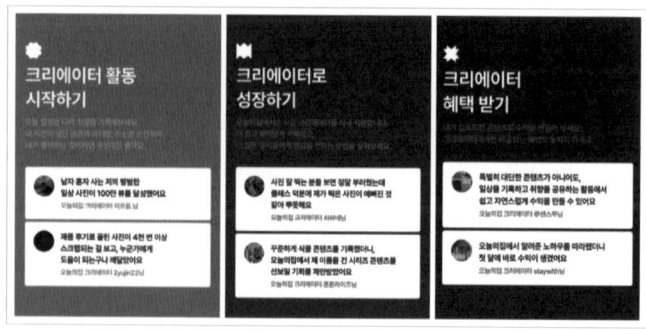

오늘의집은 보상뿐만 아니라 참여자 간 정서적 유대를 중요하게 여겼고, 그 일환으로 꽃 정기 배송 서비스를 활용해 멤버들에게 꽃을 선물했어요. 꽃을 받은 멤버들은 이 경험을 다시 자신의 SNS에 공유했고, 이는 오하우스 활동을 자연스럽게 확산시키는 역할을 했습니다.

특히 주목할 만한 점은 오하우스가 기업 제휴를 통해 스스로 수익 구조를 만들었다는 것입니다. 오하우스는 인테리어와 라이프스타일에 관심이 높은 2030 마이크로 인플루언서들이 1,000명 이상 모인 집단입니다. 기업 입장에서는 매우 매력적인 파트너일 수밖에 없죠. 기존에 대행사를 통해 집행하던 체험 행사나 브랜드 프로그램을 오늘의집과 협업해 오하우스 멤버를 대상으로 진행하면서, 커뮤니티가 커뮤니티를 유지하는 비용을 만들어 내는 선순환 구조가 완성된 것입니다.

하지만 이 역시 하나의 단계였습니다. 오늘의집은 2024년 오하우스를 종료하고, 커뮤니티의 세 번째 단계로 전환합니다. 바로 '오늘의집 크리에이터' 모델입니다. 이제는 시즌제로 대규모 인원을 선발하고 관리하는 방식이 아니라, 크리에이터들이 유튜버처럼 비교적 자유롭게 활동하고, 활동한 만큼 보상을 받는 구조로 변화했습니다. 다만 기업 제휴는 여전히 유지되고 있으며, 오히려 이전보다 더 큰 규모로 확장되었어요. 현재는 일주일에 열 곳이 넘는 기업과 협업을 진행할 정도로, 콘텐츠와 수익 모두에서 또 다른 성장을 만들어 가고 있습니다.

오늘의집과 오하우스 사례는 고객 커뮤니티가 단순한 팬 관리나 홍보 수단이 아니라 콘텐츠와 비즈니스, 그리고 새로운 기회를 연결하는 하나의 구조가 될 수 있음을 잘 보여 줍니다. 커뮤니티가 단계적으로 진화하며 기업의 다음 성장을 준비하는 방식, 그 가능성을 가장 선명하게 증명한 사례라고 할 수 있습니다.

고객이 만드는
여행 플랫폼의 경쟁력

_여기어때 트립홀릭

전문성 확장형 교류 커뮤니티

국내에는 수많은 여행 서비스가 존재합니다. 하지만 '여행 플랫폼'으로 압도적 존재감을 가진 곳은 두 곳이죠. 바로 '야놀자'와 '여기어때'입니다. 두 기업은 모두 숙박 중계에서 출발해 여행 전반을 연결하고 판매하는 비즈니스로 성장했다는 공통점이 있어요.

야놀자와 여기어때는 2강 체제를 구축하고 매 시즌 기막힌 마케팅과 프로모션을 선보이며 치열한 경쟁을 이어 가고 있습니다. 최근 여기어때가 다양한 시도를 이어가며 매서운 성장세를 보여 주고 있습니다.

사실 야놀자와 여기어때에서 판매 **여기어때.**

하는 여행 상품은 크게 차이가 없습니다. 그렇다면 어떤 차이가 여기어때의 존재감을 높였을까요? 소비자들의 반응을 끌어낸 것은 바로 고객들의 진정성 가득한 리뷰였습니다. 그리고 그 리뷰는 바로 여기어때의 고객 커뮤니티 '트립홀릭'의 역할이 컸습니다.

트립홀릭은 2022년 5월 코로나 시기 중 시작되었습니다. 초기에는 약 100명 규모에 6개월 단위 기수제로 운영되었습니다. 현재는 1년 단위로 전환되었으며 1,000명 규모로 성장했죠. 특히 주목할 점은 멤버 선발 방식입니다. 외부 인플루언서를 영입한 것이 아니라, 그동안 여기어때 플랫폼에 꾸준히 리뷰를 남겨 온 실제 이용자들 중 여행 경험의 밀도와 리뷰의 신뢰도를 바탕으로 선발한 것입니다. 오늘의집의 오하우스 전략과도 유사합니다.

트립홀릭 멤버들에게는 웰컴 패키지, 전용 할인 혜택, 리뷰 작성 시 노출 우선권 등 다양한 보상이 제공됩니다. 여기에 더해 매년 오프라인 네트워킹 파티를 열어 멤버 간 교류를 지원해요. 최근에는 멤버들 스스로 소규모 커뮤니티(CoC)를 운영하도록 장려하며 커뮤니티의 밀도를 더욱 높이고 있습니다.

여기어때는 트립홀릭을 통해 크게 네 가지 효과를 경험했습니다. 첫 번째는 양질의 콘텐츠 확보입니다. 여기어때의 데이터에 따르면 트립홀릭 멤버 후기는 예약 전환율을 높이는 데 크게 기여했다고 합니다. 여기어때에 등록된 숙소나 여행지 중 브랜드 파워가 낮은 곳은 먼저 경험한 이들의 후기에 크게 의존하는 편입니다. 이때 트립홀릭 배지가 붙은 리뷰는 높은 신뢰도를 형성하죠. 플랫폼이 신뢰를 부여한 사용자의 목소리이기 때문입니다.

두 번째는 사용자 생성 콘텐츠(UGC, User Generated Content)의 축적과 선순환입니다. 트립홀릭 멤버들은 노출을 위해 콘텐츠를 만들지 않습니다. 실제 여행 경험을 기록하고, 그 기록은 또 다른 유저의 여행으로 이어집니다. 이 과정에서 커뮤니티는 콘텐츠를 소비하는 집단을 넘어, 경험을 공유하며 여행 문화를 함께 만들어 가는 집단으로 기능하죠. 멤버들이 남긴 여행 기록은 '○○ 지역 베스트 10'과 같은 이름의 큐레이션 콘텐츠로 재구성되며, 플랫폼 안에서 다시 소비됩니다. 최근에는 멤버들이 크리에이터로 성장할 수 있도록 돕는 '홀릭 크리에이터' 프로그램도 도입되었습니다. 바이럴의 양과 콘텐츠의 질을 함께 키우는 방향으로 가고 있는 것입니다.

세 번째는 서비스 락인 효과입니다. 트립홀릭 멤버들은 단순한 이용자가 아니라, 플랫폼 안에서 자신의 정체성과 성취를 쌓아 가는 이들입니다. 축적된 후기, 평판, 커뮤니티 내 관계는 쉽게 다른 서비스로 옮길 수 없는 자산이 되죠. 실제로 커뮤니티 활동이 활발한 멤버일수록 이용 빈도와 체류 기간이 늘어나고, 그에 따라 인당 매출 역시 유의미하게 상승하고 있습니다. 플랫폼에 머무는 이유가 '가격'이 아니라 '관계와 기록'으로 이동한 것입니다.

마지막은 실시간 피드백 창구로서의 역할입니다. IT 서비스는 끊임없이 변화합니다. 기능이 개선되고 새로운 서비스가 출시되는 과정에서 트립홀릭은 중요한 협업 파트너가 됩니다. 여기어때는 트립홀릭 멤버들과 함께 실시간 리서치 프로그램 '여기보이스'를 운영하며 앱 아이콘, 해외 숙소, 멤버십 등 주요 서비스에 대해 빠르고 밀도 높은 피드백을 받고 있습니다. 서비스 기획자가 미처 떠올리지 못한 아이디어가 이들과의 대화 속에서 자연스럽게 등장하기도 합니다. 고객과 함께 서비스를 만들어 간다는 점은 여기어때가 가진 가장 강력한 힘이지 않을까요?

커뮤니티 운영을 통해 축적된 인사이트는 비즈니스 확

여기어때 홈페이지의 트립홀릭 활동 소개

장으로도 이어집니다. 블로거들이 직접 경험한 여행을 콘텐츠로 소개하고, 그 결과에 따라 성과 기반 보상이 이루어지는 CPA(Cost Per Action) 기반의 제휴 마케팅 모델이 본격화되고 있습니다. 여행 콘텐츠가 더 이상 브랜드의 부속물이 아니라, 하나의 독립된 비즈니스 축으로 기능하기 시작한 것이죠. 오늘의집에서 이야기한 커뮤니티 성장 단계가 여기어때에서도 유사하게 보여집니다.

트립홀릭은 단순한 고객 모임이 아닙니다. 플랫폼 안에서 '잘 여행하는 사람들'을 발견하고, 연결하고, 함께 성장시키는 구조를 가지고 있습니다. 이를 한 문장으로 요약하면, 트립홀릭의 슬로건 "Share your journey"가 되죠. 변화가 빠른 플랫폼 비즈니스 환경에서 여기어때 트립홀릭의 사례는 커뮤니티가 어떻게 로열티를 만들고, 다시 비즈니스로 확장될 수 있는지를 차분하게 보여 줍니다.

커뮤니티로 뚫은
보수적인 채용 시장

_원티드 HR프렌즈

전문성 확장형 교류 커뮤니티

2015년에 런칭한 채용 스타트업 원티드의 고객은 크게 두 부류입니다. 취업을 희망하는 개인 사용자(B2C)와, 인재를 채용해야 하는 기업 고객(B2B)이죠. 채용 시장은 전통적으로 보수적이고 진입 장벽이 높은 영역입니다. 원티드는 이 시장의 후발 주자였기에 다른 전략이 필요했어요. 광고에 돈을 쏟아붓고 대대적인 프로모션으로 시장의 틈을 만들기보다, HR 담당자(B2B) 고객 커뮤니티 전략을 통해 자신만의 영역을 만들었습니다.

원티드는 "좋은 일자리는 좋은 사용자를 부른다."라는 가설에서 출발했습니다.

이를 위해 먼저 채용을 실제로 담당하는 HR 실무자들을 연결해야 한다고 판단했고, 그 결과 HR 담당자 커뮤니티 '원티드 앰버서더'가 만들어졌습니다. 2021년 1기를 시작으로, 기수제 기반의 커뮤니티 운영이 본격화되었죠.

초기 앰버서더는 기수당 약 25명 내외로 선발되었으며, 6개월 동안 조를 구성해 과제 해결 중심의 프로그램을 운영했습니다. 코로나 시기였던 만큼 오프라인보다는 온라인 중심으로 진행되었고, 그 과정에서 시행착오도 적지 않았다고 합니다. 하지만 원티드는 스타트업답게 커뮤니티 운영 역시 '서비스'처럼 다뤘습니다. 문제가 발생하면 즉각적으로 개선하고, 운영 방식을 업데이트하며 점차 안정적인 구조를 만들어 갔습니다. 이후 HR 업계 내에서 커뮤니티에 대한 입소문이 나기 시작했고, 자연스럽게 팀장급과 중간관리자 레벨의 인사 담당자들로부터 커뮤니티 참여 요청이 이어졌습니다. 이에 따라 2022년에는 '리더스', 2023년에는 6년 차 이상 중간관리자를 대상으로 한 '미드필더' 커뮤니티가 추가로 만들어졌습니다. 그리고 이 세 커뮤니티는 'HR프렌즈'라는 이름으로 통합되었습니다.

이 세 개의 커뮤니티는 각각 다른 역할을 수행하면서도 유기적으로 연결됩니다. 예를 들어 앰버서더의 과제 해결 과정에 리더스 멤버들이 멘토로 참여하고, 커뮤니티 간 네트워킹 시간을 통해 세대와 역할을 넘나드는 연결이 이루어지는 식이죠. 단일 커뮤니티가 아닌 레이어드(Layered) 커뮤니티 구조를 설계한 것입니다.

원티드 커뮤니티가 가진 또 하나의 특징은 참여 멤버를 공개했다는 점입니다. 원티드 HR프렌즈는 웹사이트를 통해 어떤 사람들이 커뮤니티에 참여하고 있는지를 소속 회사와 함께 소개합니다. 이 방식은 분명 양면성이 있어요. 일부 대기업 HR 담당자들은 외부 노출을 부담스러워하며 참여를 주저하기도 했습니다. 그러나 결과적으로는 긍정적인 효과가 더 컸습니다. '저런 분들과 함께 이야기해 보고 싶다.'라는 욕구를 자극했고, 동시에 참여 장벽으로 작용하며 자연스럽게 멤버의 수준을 선별하는 역할을 한 것이죠. 담당자에 따르면 이 커뮤니티 참여 자체가 하나의 '훈장'처럼 인식되기 시작했다고 합니다.

원티드는 여기서 멈추지 않고 더 확장된 구조를 설계했습니다. 앰버서더·미드필더·리더스가 실무자를 중심으로 한 커뮤니티였다면, 여기에 참여하지 못하는 HR 전문가들은

'인살롱'이라는 매거진의 필진으로 연결한 것입니다. 매달 HR 관련 글을 한두 편씩 기고하는 방식이었고, 필진의 범위는 HR프렌즈보다 훨씬 넓었습니다. 매거진 콘텐츠는 HR 담당자들이 원티드를 방문해야 할 명분을 만들었고, 동시에 다양한 HR 전문가를 느슨하게 연결하는 역할을 했습니다. 필진 역시 6개월 기수제로 운영되었으며, 활동 종료 후에는 자유 기고로 전환되었습니다. 6개월에 한 번씩 오프라인 모임을 열어 관계를 강화하는 장치도 마련했어요.

이 구조는 한 단계 더 나아가 HR 콘퍼런스 '하이파이브 (HI-FIVE)'로 이어졌습니다. 2023년 처음 개최된 이 콘퍼런스는 1,500명 전석 유료 결제 완판을 기록하며 단숨에 HR 업계 대표 행사로 자리 잡았습니다. 이전까지 B2B 고객을 위해 비용을 쓰는 구조였다면, 이 콘퍼런스는 명확한 수익을 창출하는 모델이었죠. 콘퍼런스의 스태프와 연사는 커뮤니티와 매거진을 통해 연결된 인적 자산을 기반으로 구성되었습니다. 커뮤니티 멤버들은 스태프로 참여하며 더 깊은 유대감을 쌓았고, 대규모 행사를 함께 만든 경험은 자부심으로 이어졌습니다. 연사 섭외 역시 자연스럽게 이루어졌습니다. 기존 멤버가 연사가 되거나, 멤버들의 네트워크를 통해 다양한 기업의 HR 담당자를 연결할 수 있었기 때문입니다. 커뮤니티에 쌓아 온 시간과 신뢰가 대규모 행사 성공의 기반이 된 셈입니다.

원티드는 결과적으로 'HR프렌즈' 커뮤니티, '인살롱' 매거진, '하이파이브' 콘퍼런스라는 세 개의 축을 만들었습니다. 이 세 구조는 각각 독립적으로 운영되면서도 서로 영향을 주고받으며 원티드의 비즈니스 전반에 기여했죠.

이처럼 큰 반응과 높은 지속성은 운영진도 예상하지 못했다고 합니다. HR 직무는 전문성을 증명하기 어렵고 사람으로부터 오는 스트레스도 많은데, 회사 내부에서 이를 해소하기가 쉽지 않습니다. 원티드의 HR 커뮤니티가 이런 공백을 메우는 역할을 한 것이죠. 채용 시장이라는 보수적인 영역에서 커뮤니티 전략은 분명 유효한 선택이었습니다.

글로벌 고객
커뮤니티의 정석

_마이크로소프트 MVP

전문성 단련형 성장 커뮤니티

기업이 고객 커뮤니티를 만들고 운영하는 데 있어 롤모델로 자주 언급되는 사례 중 하나가 바로 마이크로소프트입니다. 마이크로소프트가 운영하는 MVP는 약 30년에 가까운 역사를 지닌 커뮤니티로, 전 세계 고객 커뮤니티 중에서도 가장 오래되고 안정적으로 운영되고 있는 사례로 평가받습니다.

MVP의 시작은 지금처럼 거창하지 않았습니다. 온라인 게시판에 올라오는 사용자들의 기술 질문에 꾸준히 답변하며 도움을 주던 고수들에게 감사의 뜻을 전하는 작은 모임에서 출발했죠. 그 모임은 점차 확장되

어, 현재는 전 세계 90여 개 국가의 다양한 사람들이 모인 약 4,000명 규모의 커뮤니티로 성장했습니다.

이들은 마이크로소프트의 직원이 아닙니다. 한마디로 말하면 기술 인플루언서에 가깝죠. 그러나 단순히 기술 실력이 뛰어난 것만으로는 MVP가 될 수 없습니다. 커뮤니티 기여, 지식 공유, 이타적인 태도 등 '세상에 긍정적인 영향을 미치려는 자세' 역시 선발의 중요한 기준이 됩니다. 대부분 추천을 통해 후보가 되며, 내부 심사를 거쳐 선정돼요. 활동 기간은 1년 단위이며 갱신 역시 자동이 아닌 재심사를 통해 이루어집니다.

MVP 활동에는 금전적인 보상이 따르지 않으며, 명예직에 가깝습니다. 그럼에도 불구하고 매년 수많은 기술 전문가가 MVP에 도전하는 이유는 분명합니다. 이 경험이 자신의 성장에 결정적인 도움이 된다고 믿기 때문입니다.

첫 번째 이유는 기술적 선점과 정보 접근입니다. MVP는 일반 사용자보다 훨씬 이른 시점에 마이크로소프트의 기술 로드맵과 향후 계획을 공유받습니다. 어떤 기술과 서비스가 앞으로 등장할지 미리 알 수 있다는 것은, 그만큼 빠르게 학습하고 경험할 수 있다는 뜻이죠. 이는 자연스럽게 개인의 전문성과 영향력을 키우는 기반이 됩니다.

두 번째로는 '핫라인'이라 불릴 만큼의 직접적인 소통 기회입니다. MVP는 자신이 사용하는 소프트웨어를 실제로 개발한 엔지니어, 기술자들과 직접 대화하고 의견을 나눌 수 있습니다. 때로는 MVP가 제안한 아이디어나 문제 제기가 실제 서비스에 반영되기도 해요. 사용자로서의 문제의식이 제품 개선으로 이어지는 경험은, 그 자체로 강력한 동기부여가 됩니다.

세 번째로는 사회적 증명 효과입니다. 전 세계에서 단 4,000명에게만 주어지는 마이크로소프트 MVP 타이틀은 일종의 '기술 훈장'에 가깝습니다. 이력서나 링크드인에 이 타이틀을 기재할 수 있고, 이는 단순한 기술력뿐 아니라 커뮤니티 기여와 태도까지 검증받았다는 의미로 받아들여지죠. 명확하고 강력한 신뢰의 상징인 셈입니다.

네 번째로는 네트워킹입니다. MVP가 되는 순간, 전 세계 각지에서 활동하는 최고 수준의 기술 전문가들과 연결됩니다. 이 집단 지성 네트워크에 속한다는 것은 개인의 성장 속도에 가속이 붙는다는 뜻이기도 합니다. 정보와 경험, 기회가 자연스럽게 오가는 환경에 들어가게 되는 것입니다.

마지막으로는 프리미엄 지위입니다. 물론 MVP 활동 기간 중에는 타이틀을 활용한 직접적인 영리 활동이 제한됩니다. 하지만 MVP라는 과정을 통과했다는 사실은 이후의 커리어와 비즈니스에 강력한 프리미엄으로 작용합니다. 강연, 자문, 창업, 교육 등 다양한 영역에서 간접적인 영향력이 이어집니다.

그렇다면 마이크로소프트는 왜 이렇게 오랜 시간 동안 MVP 커뮤니티를 유지하고 발전시켜 왔을까요? 그 이유 역시 명확합니다.

첫 번째 이유는 글로벌 브랜드 신뢰 자산의 축적입니다. 마케팅 관점에서 MVP는 하나의 '신뢰 보증서'입니다. 기업이 직접 자사 기술을 홍보하는 것보다, 기술력과 평판을 인정받은 외부 전문가가 우호적으로 언급하는 편이 훨씬 큰 설득력을 가지죠. MVP는 마이크로소프트 브랜드의 신뢰를 전 세계 곳곳에서 강화하는 역할을 합니다.

두 번째로는 리스크 관리입니다. 새로운 서비스나 기능을 출시하기 전에 MVP들은 기밀 유지 협약 하에 이를 먼저 경험하고 피드백을 제공합니다. 이를 통해 기술적 결함이나 시장의 거부감을 사전에 감지할 수 있어요. 이는 출시 이후 발생할 수 있는 막대한 비용과 브랜드 리스크를 줄이는 효과적인 장치입니다.

마이크로소프트 홈페이지의 MVP 프로그램 소개

©Microsoft

세 번째로는 인재 파이프라인입니다. 점점 더 많은 기업이 신입 공채보다 검증된 경력 인재를 선호하는 시대가 되었습니다. MVP는 이미 실력과 태도가 검증된 인재들이며, 1년간의 활동을 통해 마이크로소프트와 호흡을 맞춘 사람들입니다. 실제로 MVP 활동 이후 마이크로소프트로 이직하는 사례도 적지 않습니다. 커뮤니티가 하나의 경력 채용 플랫폼 역할을 하는 셈이죠.

네 번째로는 기술 생태계의 표준 선점입니다. B2B 시장에서 주도권을 쥐기 위해서는 기술이 업계의 표준이 되어야 합니다. MVP들은 마이크로소프트 기술을 기반으로 템플릿을 만들고, 교육을 진행하며, 오픈소스에 기여해요. 이 과정에서 경쟁사가 쉽게 넘볼 수 없는 기술적 해자(Moat)가 형성

됩니다. 마이크로소프트를 생태계의 중심에 놓는 중요한 역할입니다.

마지막으로는 고객 지원(CS, Customer Service) 측면의 효과입니다. MVP들은 블로그, 커뮤니티, 강연 등 다양한 활동을 통해 마이크로소프트 기술을 전파하며 사용자들의 문제를 해결합니다. 이는 고객 불만을 줄이고 서비스 이탈을 방지하죠. 결과적으로 기업이 직접 감당해야 할 고객 지원 비용과 시간을 크게 줄여 주는 것입니다.

마이크로소프트 MVP 사례는 고객 커뮤니티가 단순히 브랜드 홍보에만 도움이 되는 것을 넘어 브랜드 신뢰도, 기술 혁신, 인재 확보, 수익 보호까지 아우르는 전략 자산이 될 수 있음을 보여 줍니다. 고객 커뮤니티가 비즈니스에 기여할 수 있는 범위는 우리가 생각하는 것보다 훨씬 넓습니다.

트렌드를 만드는
사람들의 커뮤니티

_트렌드 코리아 트렌더스날
& 대학내일 제트워크

전문성 단련형 성장 커뮤니티

매년 9월이 되면 어김없이 베스트셀러 순위에 오르는 책이 있습니다. 바로 김난도 교수님과 서울대학교 소비트렌드분석센터의 《트렌드 코리아》입니다. 2008년 첫 출간 이후 17년째 이어지고 있는 이 시리즈는 단순한 트렌드 서적을 넘어 한 해의 소비 흐름을 가늠하는 기준점이 되었습니다. 자연스럽게 이런 질문이 뒤따릅니다. 도대체 어떻게 매년 이 정도의 완성도를 유지할 수

있을까요?

그 답은 개인의 역량이 아닌 집단적 관찰과 협업 구조에 있습니다. 《트렌드 코리아》는 서울대학교 소비트렌드분석센터 연구진만의 작업이 아닙니다. 그 바탕에는 트렌드 커뮤니티 '트렌더스날'이 존재하죠.

'트렌드를 쫓는 사람들의 날'이자, '날카로운 눈'을 가진 사람들의 모임이라는 의미를 담고 있는 트렌더스날은 매년 초에 멤버를 모집합니다. 트렌드에 관심 있는 직장인, 학생, 각 분야의 실무자들이 지원하고, 이 중 약 150명이 선발됩니다. 이들은 각자의 현장에서 살아 있는 정보를 수집해요. '요즘 우리 업계에서 눈에 띄는 변화' '새롭게 떠오르는 공간' '조금은 낯선 소비 방식'과 같은 내용을 매달 리포트로 제출합니다.

연구위원들과 김난도 교수님은 이들과 긴밀하게 협업하며 트렌드를 직접 경험하고 간접적으로 검증해요. 이렇게 축적된 방대한 관찰 기록과 현장 데이터는 다음 해 트렌드를 구성하는 기초 자료가 됩니다. 연구소는 이 '날것의 데이터'를 정제하고 연결해 하나의 키워드와 서사로 완성해요. 그렇게 우리가 아는 《트렌드 코리아》가 세상에 나오게 됩니다. 다시 말해, 트렌더스날은 트렌드 키워드가 만들어지기 이전 단계, 즉 책의 초석을 다지는 역할을 하는 것이죠.

그렇다면 이 커뮤니티에 참여하는 이들은 무엇을 얻을까요? 트렌더스날에는 금전적인 보상이 없습니다. 그럼에도 불구하고 매년 경쟁률은 높죠. 이유는 분명합니다. 마이크로소프트 MVP와 마찬가지로, 이곳에 소속되었다는 사실 자체가 강력한 동기로 작용하기 때문이에요. 《트렌드 코리아》책 뒷면에는 그해 트렌더스날 멤버들 이름이 실립니다. 이는 단순한 참여를 넘어 이 책에 기여했다는 명확한 증거가 됩니다.

여기에 더해 이들은 학습 기회를 얻습니다. 단순히 트렌드를 조사하고 보고하는 데서 끝나지 않고, 서울대 소비트렌드분석센터가 구축한 트렌드 분석 시스템을 직접 경험해요. 보고서를 작성할 때도 센터가 제시하는 가이드라인에 따라 정리하며, 일상의 관찰을 데이터와 인사이트로 변환하는 사고방식을 체득합니다. 제출한 리포트에 대해 연구원들의 피드백을 받거나, 우수 사례로 선정되어 전체 공유가 될 경우에는 '왜 이 현상이 중요한지'에 대한 전문가의 해석을 듣게 됩니다. 이는 어디서도 쉽게 경험하기 어려운 실전형 트렌드 코칭입니다.

마지막으로 비슷한 문제의식을 가진 사람들과의 네트워킹 역시 중요한 자산입니다. 트렌더스날 멤버는 특정 과제를 거쳐 선발된 사람들입니다. 자연스럽게 기본적인 신뢰가 형성되어 있죠. 업종과 직무는 달라도 '트렌드 관찰'이라는 공동의 목적 아래 함께 세상을 살펴보고 토론하는 과정에서 연대가 형성됩니다. 멋진 네트워킹이 만들어지는 순간이죠.

트렌더스날과 유사하게 트렌드에 대한 의견을 주고받는 커뮤니티인 대학내일의 '제트워크'는 20대 트렌드를 가장 가까이에서 포착하기 위한 실험실에 가깝습니다. 트렌더스날이 전문성을 가진 직장인들이 모였다면, 제트워크에는 트렌드에 관심있는 20대 대학생들이 모여 활동합니다. 대학내일은 스스로를 '20대를 가장 잘 아는 회사'로 포지셔닝하며, 미디어 캐릿(Careet)과 20대 연구소를 함께 운영하고 있습니다.

이들이 20대의 생각과 행동을 이해하기 위해 선택한 방식 역시 커뮤니티입니다. 대학내일은 2012년부터 20대 리서치 그룹 '유니파일러'를, 2020년부터 뷰티 특화 '뷰티파일러'를 운영하다가, 이를 통합해 2021년부터 트렌디한 20대 네트워크를 표방하며 제트워크 커뮤니티를 운영하고 있습니다. 제트워크는 약 3개월 시즌 단위로 활동하며 1년에 3번 모집합니다. 오픈채팅방을 중심으로 활동하며, 트렌드 제보와 밈 공유 그리고 특정 브랜드에 대한 경험을 바탕으로 한 피드백 등이 주요 활동입니다.

제트워크 2025 시즌 3 모집 안내문

©대학내일

    제트워크 멤버들은 자신이 발굴한 콘텐츠가 캐릿 등 대학내일의 미디어에 채택될 경우 소정의 보상을 추가로 받습니다. 또한 팝업스토어 방문이나 전시 관람 등을 위한 트렌드 바우처를 지원 받기도 하죠. 실무진 멘토링을 통해 직장 생활을 간접적으로 경험할 수도 있습니다. 상대적으로 경험의 기회가 적은 대학생들이 다양한 현장을 직접 접할 수 있도록 돕는 셈입니다. 활동을 완료하면 수여하는 수료증 역시 대학생들에게 의미 있는 스펙으로 작용합니다. 제트워크 커뮤니티 참여가 단순히 트렌드를 조사하는 활동을 넘어 트렌드를 다루는 조직의 시선과 일하는 방식을 미리 체험하는 기회가 되는 것입니다.

트렌드 코리아의 트렌더스날과 대학내일의 제트워크는 서로 다른 대상과 목적을 가지고 있지만, 공통점이 있습니다. 둘 다 책상 위에서 모니터만 바라보며 트렌드를 분석하지 않고, 고객과 관계 맺으며 비즈니스 과정에 함께했다는 점입니다. 이런 구조는 기업 입장에서 매우 효율적입니다. 매년 반복되는 리서치를 외주나 일회성 설문에 의존하는 대신, 장기적인 관점에서 훈련된 관찰자 집단을 내부에 둔 셈이기 때문이죠. 커뮤니티 구성원들은 시간이 지날수록 더 정교한 시선을 갖게 되고, 기업은 그 시선을 통해 더 깊이 있는 인사이트를 확보합니다. 성장의 방향이 개인과 조직 모두를 향해 동시에 작동하는 구조입니다.

트렌더스날과 제트워크가 보여 주는 것은 커뮤니티가 단순히 전문성을 가진 사람들을 연결하는 것을 넘어 전문성을 만드는 과정까지 설계할 수 있다는 가능성입니다. 기업 커뮤니티가 관계 맺기를 넘어 함께 학습하고 성장하는 장이 될 때, 커뮤니티는 진가를 발휘합니다.

팬덤을 커뮤니티로
확장하다

_MKYU

일상형 성장 커뮤니티

김미경 대표는 대한민국을 대표하는 여성 강사입니다. TV에서도 자신만의 스타일로 청중과 시청자의 관심을 끌었죠. 그러나 방송과 외부 강연은 늘 선택받아야 하는 삶입니다. 잘나갈 때는 기회가 몰리지만, 흐름이 바뀌면 언제든 밀려날 수 있는 경쟁의 장이기도 합니다. 그래서 그녀는 흐름에서 벗어나 본인만의 길을 개척했습니다. 유튜브를 비롯한 소셜 미디어를 통해 대중과 만나기 시작한 것입니다. 그녀의 거침없는 입담과 콘텐츠는 단박에 대중의 관심을 끌었고, 팔로워는 순식간에 50만을 넘어 100만을 향해 나아갔습니다.

여기까지는 다른 인플루언서와 비슷합니다. 대개는 이

분위기에 취해 계속해서 팔로워를 늘리고 그들과 상호작용하는 팔로워 드리븐(Follower-driven) 방식으로 나아갑니다. 큰 규모의 팔로워로 광고 수익이 나오기 때문입니다. 그러나 이들이 간과하는 사실은 '언제까지 광고 수익만으로 버틸 것인가?'라는 점입니다. 누구나 콘텐츠를 생산하며 많고 적은 팔로워를 가진 세상에서, 이제 팔로워 수에 따른 광고 수익은 높은 수익원을 보장하지 못합니다.

그래서 김미경 대표는 또 하나의 트랙을 만들기 시작했습니다. 바로 팔로워를 '관객'이 아니라 '학생'으로, 더 나아가 '멤버'로 전환하는 커뮤니티 모델, MKYU입니다. 코로나 시기를 거치면서 MKYU는 성장과 변화를 원하는 3050 여성을 위한 독보적인 커뮤니티로 거듭났습니다. 코로나 시기가 끝나고 온라인 강의 시장 전반의 기세가 누그러지면서 MKYU 역시 큰 변화에 직면해 있지만, 그녀의 시도와 도전은 많은 인플루언서와 기업들에게 커뮤니티가 왜 필요하고 그것을 통해 무엇을 할 수 있는지 시사하는 바가 큽니다.

MKYU는 2018년 네이버 카페에서 시작해 2019년 공식 사이트를 런칭했습니다. MKYU 학생이 되면 사이트 내의 다양한 강좌와 커뮤니티 프로그램에 참여가 가능합니다. 원래는 MKYU 학생이 되려면 매년 학비를 지불해야 했는데, 2021년 하반기 여러 가지 변화를 만들며 한번만 비용을 지불하면 평생 멤버가 될 수 있었죠. 현재는 다시 한번 방식이 바뀌어, 클래스별로 비용을 지불하고 수강하고 학점을 취득하는 방식으로 운영되고 있습니다. 운영 시스템이 시대와 사회 변화에 맞춰 지속적으로 변하고 있는 것이죠.

거대한 커뮤니티는 운영진의 노력으로만 움직이지 않습니다. 학생들의 참여와 협력이 동반되어야 가능하죠. MKYU에 입학하면 대학처럼 예비열정대학생, 열정대학생, 열정장학생, 수석장학생이라는 그들만의 등급이 존재합니다. 등급마다 수강 할인 등 혜택이 다릅니다. 등급을 높이려면 출석을 비롯해 다양한 활동과 강의 수강을 통해 학점을 채워야 해요. 이 등급은 학생들의 활동과 수업 참여에 동기부여 요소가 됩니다. 더 높은 등급으로 가기 위해 더 활발한 활동을 하게 만드는 것입니다.

MKYU에는 김미경 대표의 기존 팬들(유튜브, 인스타그램 등의 팔로워)이 다수 유입되었습니다. 여기에 더해 다양한 프로모션(기업 제휴 등)을 통해 온라인 수업을 듣기 위해 입학한 분들도 있어요. 코로나 시기 이후 온라인을 중심으로 한 성장교류형 커뮤니티의 성장세가 주춤한 상황입니다. 하지만 김미경 대표의 유튜브 팔로워는 이전보다 더 늘어나 최근 (2026년 1월 기준)에는 189만 명입니다. MKYU는 이들 팔로워를 기반해 앞으로도 다양한 커뮤니티 비즈니스를 선보일 것입니다. 또한 3050 여성들이 주축이 되는 커뮤니티로써 이들을 타깃으로 하는 기업들과 다양한 제휴가 이어지겠죠. 다양한 모색을 하고 있는 MKYU입니다.

MKYU 등급 안내

MKYU에서는 로그인, 수강 신청, 수강 활동 등에 따라 아래와 같이 학점이 쌓입니다.

- 로그인 시 1학점 적립 (1일 1회: 1학점)
- 결제완료 시 0.01% 적립
- 강의학습완료 시 1학점 적립
- 과정수료 시 20학점 적립
- 수강후기등록 시 5학점 적립 (1일 1회: 5학점)
- 게시글작성 시 1학점 적립 (1일 1회: 1학점)

누적된 학점에 따라 회원 등급은 아래와 같이 자동으로 승급됩니다.

- 0~99학점: 예비열정대학생
- 100~999학점: 열정대학생 (클래스 신청 시 20% 할인)
- 1,000~2,499학점: 열정장학생 (클래스 신청 시 25% 할인)
- 2,500학점~: 수석장학생 (클래스 신청 시 30% 할인)

MKYU는 성장 커뮤니티이면서 그 안에 작은 커뮤니티들을 품고 있습니다. 대표적인 것이 MKYU북클럽과 지역 캠퍼스입니다. MKYU북클럽은 학생들 간 연결과 교류를 촉진시키는 동시에, 김미경 대표가 추천하는 책을 중심으로 도서가 선정되기 때문에 콘텐츠와 시너지도 존재합니다.

2022년에는 기존 커뮤니티에 이어 '굿짹월드'라는 대형 커뮤니티 프로젝트를 진행했습니다. 14일 동안 새벽 5시에 기상해 나만의 시간을 갖는 챌린지를 매일 1만 명이 넘는 분들이 함께했습니다. 이어 학생들 주도로 다양한 챌린지에 도전하는 '굿짹컬리지'가 진행되었습니다. 기존 클럽(MKYU북클럽, 지역 캠퍼스)과 함께 MKYU 학생들의 참여도를 높이는 데 기여하고, 학생들 간 자발적인 교류를 유발하며 자연스럽게 마케팅(입소문 등)과 브랜딩이 이뤄진 거죠.

MKYU는 겉으로 보면 강의 플랫폼처럼 보이지만, 실제로는 탑다운 콘텐츠와 바텀업 커뮤니티가 결합된 구조입니다. 커뮤니티의 특징이 탑다운에 반응하며 멤버들끼리 연결되고 영향을 주고받는 것이라고 봤을 때, MKYU는 김미경 대표라는 강력한 중심축이 방향성과 메시지를 제시하고, 그에 반응한 학생들이 각자의 모임과 활동(MKYU북클럽, 지역 캠퍼스 등)을 만들며 커뮤니티의 밀도를 높이죠. 즉 콘텐츠가 사람을 모으고, 사람이 다시 관계를 만들며, 그 관계가 브랜드의 자산으로 축적되는 구조입니다. MKYU의 핵심은 많은 사람을 모으는 것이 아니라, 성장 욕구를 가진 사람들을 하나의 흐름으로 묶어 장기적인 관계로 전환시키는 데 있습니다. 이 점에서 MKYU는 단순한 팬덤을 넘어서는, 인플루언서 기반 커뮤니티 비즈니스의 사례를 대표합니다.

달리는 사람들을 연결하다

_나이키 NRC

일상형 성장 커뮤니티

요즘 러닝은 분명 하나의 흐름이 되었습니다. 마라톤 대회는 신청이 열리자마자 마감되고, 동네 공원에는 걷는 사람만큼 뛰는 사람들이 보여요. 출근길에도, 퇴근길에도 달리는 이들이 있습니다. 러닝은 특별한 장비 없이 옷과 운동화만 있으면 바로 시작할 수 있다는 점에서 가장 단순하면서도 확장성이 큰 운동이 되었습니다. 이렇게 달리는 사람들이 늘어나자, 러너를 둘러싼 스포츠 브랜드들의 경쟁 역시 치열해졌습니다.

그중에서도 많은 사람의 사랑을 받는 글로벌 스포츠 브랜드 나이키는 오래전부

터 NRC(Nike Run Club)를 통해 러닝을 즐기는 사람들을 연결하며, 세계적으로 가장 큰 러닝 커뮤니티 중 하나를 만들었습니다. 흥미로운 점은 이 커뮤니티가 특정 브랜드의 신발이나 장비를 전제로 하지 않는다는 것입니다. 어떤 신발을 신든, 어떤 브랜드를 선호하든 상관없이 '달리는 사람'이라면 누구나 참여할 수 있도록 문을 열어 두었죠. 그 결과 NRC는 브랜드 중심이 아니라 러너 중심의 글로벌 커뮤니티로 자리 잡게 되었습니다.

NRC는 겉으로 보면 소비자와 직접 거래하는 채널(D2C, Direct to Consumer) 확장의 결과물처럼 보이기도 합니다. 하지만 단순한 판매 플랫폼이나 정보 제공 앱이라고 부르기에는 그 역할이 훨씬 큽니다. 만약 NRC가 '러닝 정보를 얻기 위한 앱' 정도였다면, 이 정도의 충성도와 체류를 만들기는 어려웠을 거예요. 러너들 역시 그 이상의 가치를 경험하고 있다는 것을 알기 때문에 NRC에 들어오고, 계속 머무릅니다.

NRC를 통해 러너들이 경험하는 가치는 크게 세 가지로 정리할 수 있습니다. 먼저, NRC는 달리기를 고독한 운동에서 느슨하게 연결된 놀이로 바꾸어 놓았습니다. 달리기는 혼자 하는 운동인 경우가 많지만, NRC 안에서는 다양한 챌린지와 소규모 프로그램을 통해 다른 러너들과 간접적으로 연결됩니다. 꼭 러닝 크루 같은 오프라인 그룹에 속하지 않더라도, 같은 목표를 향해 뛰고 있다는 감각만으로 훨씬 덜 외로운 활동이 되죠. 그래서 NRC는 단순한 러닝 앱이 아니라 러너들의 커뮤니티로 불립니다.

두 번째는 성취의 가시화입니다. NRC는 디지털 배지와 레벨 시스템을 통해 러너의 노력을 눈에 보이게 만듭니다. 달린 거리와 시간, 누적 기록이 쌓이면서 하나의 정체성이 만들어지죠. 예를 들어 '블루 레벨 러너'라는 타이틀은 단순한 숫자를 넘어 얼마나 꾸준히 달려왔는지를 보여 주는 상징이 됩니다. 이는 러너에게 작은 보상이자, 자신을 설명하는 하나의 언어가 됩니다.

세 번째는 지속적인 동기부여와 성장 경험입니다. 주간·월간·연간 누적 거리, 평균 페이스, 러닝 히스토리는 달리기를 멈추지 않게 만드는 힘이 됩니다. 여기에 더해 다양한 코칭 프로그램은 부상 예방과 기록 향상을 돕죠. 러너들은 NRC를 통해 단순히 달리는 것을 넘어 스스로의 성장과 변화를 체감하게 됩니다.

나이키는 왜 이 거대한 커뮤니티를 오랜 시간 유지하고

있을까요? NRC는 글로벌 서비스인 만큼 서버와 인프라, 엔지니어링, 이벤트 기획과 운영에 이르기까지 막대한 비용이 들어갑니다. 그럼에도 불구하고 나이키가 이 투자를 지속하는 이유는, NRC를 미래 시장 점유율을 선점하기 위한 핵심 자산으로 보기 때문입니다.

첫 번째 이유는 고객 행동 데이터의 축적입니다. NRC를 통해 나이키는 고객의 신체 조건, 러닝 시간대, 선호 지형, 누적 거리, 신발 교체 주기 등 매우 정교한 퍼스트 파티(First Party) 데이터*를 확보합니다. 다른 브랜드가 "신제품이 나왔습니다!"라는 메시지를 던질 때, 나이키는 "500km를 달린 당신에게 무릎 보호를 위한 쿠션감 좋은 신제품은 어떠세요?"라는 식의 핀셋 제안을 할 수 있죠. 구매 이력에 머무르지 않고, 고객의 실제 행동과 여정 깊숙이 들어가 메시지의 타이밍과 맥락을 설계하는 것입니다.

두 번째는 바이럴 마케팅 효과입니다. 소셜미디어에 올라오는 러닝 인증 사진을 보면, 나이키 로고 '스우시'와 함께 달린 경로와 거리가 함께 담긴 이미지를 자주 볼 수 있습니

---

* 기업이 직접 수집한 사용자 데이터. 고객이 기업의 웹사이트, 앱, 오프라인 채널을 이용하면서 직접 남긴 정보를 말한다.

다. 이는 NRC의 공유 기능을 통해 만들어진 결과물입니다. 브랜드가 말하지 않아도 고객이 대신 말해 주는 구조가 만들어진 것입니다. 저도 지인이 소셜미디어에 올린 이미지로 달리기에 관심을 가졌고, 이제는 '달리는 사람'이라는 정체성을 드러내고자 NRC를 켜고 달립니다. 고객이 브랜드를 대신해 나서 주는 이토록 멋진 마케팅이 어디 있을까요? 러너들이 자신의 정체성을 드러내기 위해 공유한 이미지가 자연스럽게 나이키의 광고가 됩니다.

마지막은 D2C 채널의 지배력입니다. 나이키는 한때 아마존에서 철수하며 자사 앱과 NRC를 중심으로 고객과 직접 만나는 전략을 강화했습니다. 이후 전략이 일부 수정되어 다시 아마존에 입점했지만, 여전히 NRC는 나이키의 핵심 고객 접점이자 경험 플랫폼으로 기능하고 있습니다. 러너들이 매일, 매주 접속하는 이 공간은 나이키에게 강력한 방어막이자 해자가 되는 것이죠.

나이키는 NRC를 통해 제품을 파는 것이 아니라, 러닝하는 삶 그 자체에 스며드는 전략을 선택했습니다. 달리는 사람들의 일상과 감정, 성장을 연결하는 NRC는 그 전략의 가장 강력한 구현체라 할 수 있습니다.

출판사는 왜 독서 커뮤니티를 만드는가

_민음사 민음북클럽 & 문학동네 독파

일상형 성장 커뮤니티

대한민국 출판 분야를 대표하는 브랜드들은 공통적으로 독서 커뮤니티를 운영하고 있습니다. 민음사는 2011년부터 출판계 유료 팬덤 마케팅의 교과서로 불리는 '민음북클럽'을 시작했고, 문학동네는 2021년부터 책 완독 경험을 중심으로 한 커뮤니티 '독파'를 운영하죠.

먼저 민음북클럽을 살펴보겠습니다. 민음사는 매년 1년 단위로 약 5,000명의 회원을 선착순으로 모집하는데, 모집이 시작되면 하루 만에 정원이 마감되는 것으로 유명합니다. 겉으로는 선착순이지만, 연회비라는 비용 장벽과 취향의

결, 정보 접근성을 고려하면 결국 브랜드에 애정을 가진 팬들이 자연스럽게 모이는 구조라고 볼 수 있습니다.

회원들은 연회비 5만 원을 내고 북클럽에 참여합니다. 이 프로그램은 가성비가 좋기로도 잘 알려져 있는데, 민음사의 대표 시리즈 가운데 원하는 책 세 권을 직접 골라 가질 수 있어요. 여기에 더해 북클럽 회원만을 위해 특별 제작된 한정판 디자인 도서 세 권을 추가로 받게 됩니다.

책 제공에 그치지 않고 다양한 참여형 프로그램도 함께 운영됩니다. 민음사 온라인 독서 모임에 할인된 가격으로 참가할 수 있고, 작가와의 대화나 편집자 강연, 출판 및 책 관련 이벤트에서도 혜택을 받죠. 회원 전용 굿즈도 제공되는데, 이는 단순한 사은품이라기보다 북클럽 회원임을 드러내는 상징물에 가깝습니다. 이렇게 북클럽 참여자들은 책을 구매하는 고객을 넘어, 약 1년간 출판 과정 전반을 경험하는 참여자로 활동합니다.

문학동네 역시 2018년부터 연간 유료 북클럽을 운영해 왔습니다. 기본적인 구성은 민음사와 유사하지만, 문학동네는 여기에 더해 '끝까지 책을 읽게 만드는 경험'에 집중합니다. 이를 위해 '독파'라는 이름의 커뮤니티를 별도로 운영하

문학동네 홈페이지의 독파 커뮤니티 소개

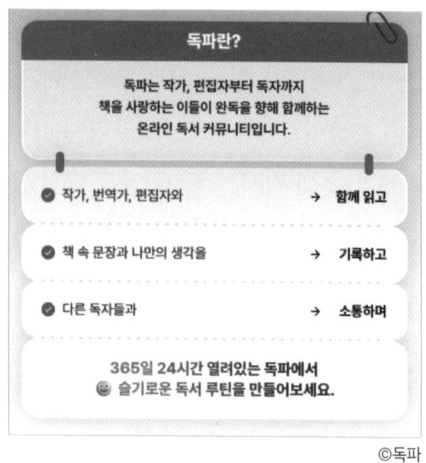

©독파

죠. 북클럽이 관계를 유지하는 장치라면 독파는 행동을 촉발하는 장치라고 볼 수 있습니다.

독파는 IT 기술과 커뮤니티를 결합해 앱 형태로 구현되었습니다. 여기서는 독자를 혼자 두지 않고, 함께 읽는 흐름을 만들어 독자가 완독의 성취감을 맛보게 하겠다는 의도가 스며들어 있습니다. 독파는 멤버십 가입 방식이 아니라, 읽고 싶은 책의 챌린지를 구매하는 구조로 운영됩니다. 챌린지 가격은 무료부터 1만 원까지 다양하며, 유료 챌린지의 경우 완독 시 참가비를 포인트로 환급하거나 굿즈를 제공하는 방식으로 실천을 유도하죠.

독파의 가장 큰 특징은 진도 관리입니다. 챌린지 기간 동안 매일 읽어야 할 분량이 데일리 미션으로 주어지고, 참여자들은 페이스메이커와 함께 책을 읽습니다. 페이스메이커는 편집자나 작가, 혹은 책 인플루언서로 매일 "이 문장을 주목해 보세요."와 같은 가이드를 제공해요. 참여자들은 독서 후 짧은 소감을 남기고, 다른 독자들의 기록을 실시간 피드로 보며 '함께' 읽고 있다는 감각을 강하게 경험합니다. 하나의 챌린지는 평균적으로 2주에서 한 달 정도 진행되며, 회차당 약 200명에서 500명 정도가 참여합니다.

출판사들이 굳이 이런 커뮤니티를 운영하는 이유를 정리하자면 세 가지로 볼 수 있습니다. 가장 먼저 떠올릴 수 있는 이유는 팬덤의 결속입니다. 커뮤니티 프로그램을 통해 독자들은 단순한 구매자를 넘어 팬이 되고, 서로 모여 팬덤을 형성합니다. 이제는 단순히 책을 구매하는 경험만으로는 충분하지 않아요. 모두 함께 모여 특정 출판사의 책을 끝까지 읽었다는 기억이 쌓이면 자연스럽게 출판사 브랜드에 대한 충성심도 형성되고, 재구매로 이어집니다. 그 결과 독자들은 해당 출판사가 만드는 책이라면 장르나 작가를 가리지 않고 관심을 두게 되죠. 독자를 브랜드 소비자로 전환시키는 매우 전략적인 장치인 셈입니다.

또 하나의 이유는 홍보 마케팅에서의 시너지입니다. 이 커뮤니티에 모인 독자들은 누구보다 열심히 읽고, 또 주변에 적극적으로 이야기를 나눠요. 이들의 경험담은 출판사가 만든 광고 문구보다 훨씬 높은 호소력을 갖습니다. 독자는 독자의 마음을 잘 알기 때문이죠. 더불어 이들이 남기는 기록과 반응은 장기적인 마케팅 전략을 세우는 데 중요한 데이터가 됩니다. 출판사는 실제로 누가 어떤 이유로 책을 구매하는지 알기 어렵습니다. 세밀한 판매 데이터는 대부분 플랫폼이 독점하고 있기 때문입니다. 그래서 출판사들은 독자와 직접 만날 수 있는 채널을 만들고자 합니다. 독서 커뮤니티는 그 해법 중 하나가 됩니다.

마지막으로 작가 확보를 위한 쇼케이스 역할도 빼놓을 수 없죠. 이미 유명한 작가는 물론 신진 작가들 역시 열성적인 독자가 모여 있는 출판사와 작업하고 싶어 합니다. 출판사는 이러한 커뮤니티를 통해 작가에게 매력적인 환경을 제시하고, 이를 바탕으로 원하는 작가와 원하는 책을 지속적으로 만들어 갈 수 있는 기반을 마련합니다.

이처럼 커머스 플랫폼뿐 아니라 출판사들조차 커뮤니티

를 통해 독자들과 적극적으로 어울리고 있습니다. 이전의 마케팅이 독자를 관리하는 방식이었다면, 이제의 마케팅은 독자와 함께 놀 수 있는 놀이터를 만드는 일에 가깝습니다. 커뮤니티가 점점 주목을 받는 이유이기도 하죠. 경쟁의 판이 바뀌었고, 소비자의 마음과 행동 역시 달라졌기 때문입니다. 과거에는 그때의 방식이 옳았지만, 지금은 더 이상 같은 효과를 기대하기 어렵습니다.

가전이 아닌
삶을 이야기하는 공간

_LG전자 라이프집

\# 일상형 교류 커뮤니티

LG전자는 2022년 고객의 일상에 더 가까이 다가가기 위해 취향 기반 커뮤니티인 라이프집(Lifezip)을 시작했습니다. 당시 집 밖은 코로나로 인해 위험한 공간이었죠. 라이프집은 안전하고 평안한 '집구석 라이프'를 위한 커뮤니티를 표방했습니다. 이후 이 커뮤니티는 빠르게 성장했고, 2025년 11월을 기준으로 회원 수 100만 명을 돌파했습니다.

라이프집은 집에서의 일상에 집중하며 관련 콘텐츠를 큐레이션합니다. 홈가드닝과 요리, DIY와 생활 팁, 취향이 묻어나는 공간, 집들이와 공간 큐레이션까지 주제는 다양해요. 주목할 점은 이곳의 핵심 유저가 기존 LG전자의 주 고객

층이었던 4050 주부가 아니라, 취향이 뚜렷한 2030 홈루덴스(Home Ludens)라는 점입니다. 집을 단순히 쉬고 잠자는 공간으로 여기지 않고 놀이터이자 오피스, 때로는 카페처럼 활용하는 이들이죠. 동시에 가전 브랜드의 잠재 고객이자 예비 고객이기도 합니다. 이들은 경험을 중시하고, 그 경험을 소셜미디어를 통해 적극적으로 공유하는 데 능합니다. LG전자로서는 놓칠 수 없는 매력적인 소비자를 라이프집이라는 커뮤니티로 끌어모은 것입니다.

라이프집은 겉으로 보면 잘 편집된 라이프스타일 매거진처럼 보이기도 하지만, 그 안을 들여다 보면 분명 커뮤니티의 구조를 갖추고 있습니다. 첫 번째로 이곳에서는 읽는 사람이 아니라 쓰는 사람이 주인공입니다. 일반적인 매거진이 편집자가 기획한 콘텐츠가 중심이라면, 라이프집에서는 유저가 직접 만든 콘텐츠가 중심을 이룹니다. 인스타그램처럼 회원들이 자신의 공간과 취향을 직접 포스팅하는 영역이죠. 사람들은 서로의 글을 읽고 댓글을 남기며 소통합니다.

두 번째는 라이프집은 보상과 등급 시스템을 통해 참여를 자연스럽게 유도합니다. 라이프집 운영진은 스스로를 '집사'라고 부르며, 회원들의 지속적인 활동을 돕기 위한 다양한 장치를 설계했습니다. 그 중 하나가 포인트입니다. 글을 쓰거나 댓글을 달면 포인트가 쌓이고, 이 포인트는 라이프집에서만 구매할 수 있는 굿즈나 이벤트 응모에 사용할 수 있어요. 참여가 곧 경험으로, 경험이 다시 동기로 이어지는 구조입니다.

세 번째는 오프라인으로 확장되는 온라인 경험입니다. 라이프집은 지금까지 두 차례 공식 팝업을 진행하며 라이프집에서 활동이 두드러진 회원들, 이른바 '집스터'들의 공간을 그대로 구현했어요. 온라인에서의 교류가 대면 경험으로 전환되는 순간이었죠. 서로를 알아보고, 직접 눈을 맞추며 이야기를 나누는 경험은 커뮤니티의 결속을 한 단계 끌어올렸습니다.

라이프집이 인상적인 이유는 이 커뮤니티가 '가전을 이야기하는 공간'이 아니라 '삶을 이야기하는 공간'으로 설계되었다는 점입니다. LG전자는 전면에 나서 제품을 설명하지 않습니다. 대신 사람들이 자신의 집과 취향, 일상을 자랑하고 나누도록 판을 깔아 줍니다. 그 과정에서 가전은 자연스럽게 삶의 맥락 안으로 들어옵니다. 브랜드가 말을 거는 대신, 사용자의 이야기 속에 스며드는 방식이죠.

LG전자에게 라이프집은 단기적인 마케팅 채널이 아닙니다. 고객의 일상에 깊이 들어가 관계를 유지하고, 미래의

LG 전자의 라이프집 팝업 현장

©LG전자

선택지에 자연스럽게 브랜드를 올려 두는 장기적인 접점입니다. 라이프집이 100만 명의 회원을 모을 수 있었던 이유도 여기에 있습니다. 라이프집이 'LG전자의 커뮤니티'라서가 아니라, '나의 일상을 안전하게 풀어놓을 수 있는 공간'으로 기능했기 때문입니다.

라이프집은 일상형 교류 커뮤니티가 기업에게 어떤 역할을 할 수 있는지를 잘 보여 주는 사례입니다. 성장을 강요하지 않아도, 관계를 촉진하고 경험을 축적하는 것만으로도 브랜드는 충분한 신뢰와 영향력을 확보할 수 있습니다.

식당에서 시작된
커뮤니티 실험

_쇼니노·미미옥·SMCC

일상형 교류 커뮤니티

이탈리안 레스토랑 쇼니노와 샤부샤부 전문점 미미옥은 하이픈디자인 박재현 대표가 운영하는 핫한 식당입니다. 그리고 이번 장에서 함께 소개하는 SMCC(Seoul Morning Coffee Club) 역시 박재현 대표가 만든 커뮤니티죠. 박재현 대표는 요즘 커뮤니티와 F&B를 함께 이야기할 때 가장 주목받는 분입니다. 그는 앞으로의 F&B 비즈니스는 F&C로 전환될 것이라 주장해요. 바로 음식(Food)과 커뮤니티(Community)입니다.

먼저 쇼니노와 미미옥의 사례부터 살펴보겠습니다. 두 공간은 용산에 자리 잡고 있으며, 서로 이웃처럼 가까이에 위치해 있습니다. 미미옥이 먼저 문을 열었고, 이후 쇼니노가 오픈했죠.

이 두 브랜드의 특별한 점은 공통적으로 비공개 VIP 오픈채팅방을 운영하고 있다는 것입니다. 그런데 이 커뮤니티에 초대되는 방식이 꽤 독특합니다. 일반적인 VIP 프로그램처럼 매출이나 구매 빈도, 특정 조건을 충족해야 하는 구조가 아닙니다. 오히려 기준은 직원의 '눈썰미'에 가깝죠. 직원은 매장을 찾는 손님의 분위기와 태도를 종합적으로 보고, 자신들의 VIP 커뮤니티에 적합한 사람이라고 판단되면 식사 후 결제를 하는 순간, VIP 오픈채팅방을 소개하며 참여 의사를 묻습니다.

VIP 단톡방에서는 어떤 일이 벌어질까요? 참여자들은 서로 모르는 사이이지만, 초대되었다는 사실 자체에 공동의 묘한 자부심을 가집니다. 이들은 쇼니노와 미미옥에서 열리는 다양한 특별 행사에 초대받습니다. 신규 와인이나 전통주, 새로운 메뉴가 출시될 때 VIP만을 위한 시식 행사가 열리죠. 이 과정에서 얼굴을 몰랐던 사람들이 자연스럽게 연결되고, 이 경험은 사진과 글로 기록되어 각자의 소셜미디어를 통해 퍼져 나갑니다.

시식 행사만 있는 것은 아닙니다. 매장 공간을 활용해 영화 상영 등 다양한 이벤트도 열려요. 이 행사들 역시 아무나 참여할 수 없으며, VIP 커뮤니티 구성원들이 중심이 됩니다. 이렇게 형성된 경험은 단순한 식사 이상의 기억으로 남고, 브랜드와 사람 사이의 거리를 빠르게 좁혀 줍니다.

이렇게 연결된 VIP들을 통해 쇼니노와 미미옥이 얻는 가장 큰 자산은 바로 '후기'입니다. 이들은 일반 고객보다 훨씬 적극적으로, 그리고 진심 어린 평가를 남깁니다. 짧은 키워드 나열이 아니라 자신의 경험을 풀어낸 서술형 리뷰가 많다는 점도 특징입니다. 이 진정성은 다른 고객들에게도 고스란히 전달될 수밖에 없습니다. 결과적으로 매장 앞에 줄을 서게 만드는 힘이 되죠.

2024년, 박재현 대표는 넷플릭스 프로그램 〈흑백요리사〉에 출연했습니다. 그동안 축적된 리뷰와 브랜드에 대한 신뢰가 섭외 과정에 영향을 미쳤다는 이야기도 있습니다. 본선까지 진출하지는 못했지만 이후 식당 예약 플랫폼에서는 '흑백요리사' 카테고리로 소개되었고, 미미옥과 쇼니노는 그중 가장 많은 리뷰가 쌓여 있던 곳 중 하나였죠.

진정성 있는 후기는 좋은 기회를 만들고, 동시에 새로운 손님과 팬을 만듭니다. 이들은 음식에 대한 평가뿐 아니라, 매장이 제공하는 서비스 전반에 대해서도 적극적으로 피드백을 남겨요. 쇼니노와 미미옥은 이러한 의견을 바탕으로 서비스를 지속적으로 개선하고 보완합니다. 이런 흐름을 보면, 박재현 대표가 "앞으로 F&B는 F&C가 될 것"이라고 말한 이유를 자연스럽게 이해할 수 있습니다.

박재현 대표는 여기에서 멈추지 않고 2022년부터 SMCC라는 커뮤니티를 만들어 운영하고 있습니다. 요즘 서울에서 가장 힙한 커뮤니티 중 하나인 SMCC는 인스타그램 기반의 커뮤니티로, 이른 아침 카페에 모여 출근 전 커피 한 잔과 함께 대화를 나누는 것이 핵심 활동입니다. 이들은 '아침을 바꾸면 인생이 바뀐다!'라는 메시지를 전파합니다. 아침이라는 시간을 새롭고 재미있게 재해석하는 모습을 드러내죠. 자연스럽게 참여자가 늘어날 뿐 아니라, 포르쉐나 블루보틀 같은 브랜드들과의 협업도 이어졌습니다.

이 커뮤니티에는 별도의 참가비가 없습니다. 인스타그램 계정을 팔로우하고, 원하는 시간과 장소에 열리는 모임이 있으면 참여하면 됩니다. 비용 역시 커피 값 정도예요. 모임은 지역별로 열리고, 멤버로 활동하던 사람이 호스트가 되어 주도합니다. 모임 방식 역시 매우 단순합니다. 아침에 모여 커피를 마시고 각자의 이야기를 나누죠. 한 모임당 열 명 안팎의 인원이 참여하기 때문에, 모임은 공지와 동시에 빠르

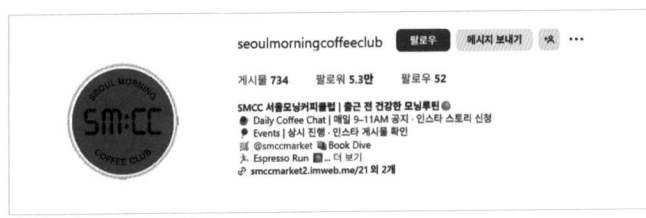

게 마감됩니다. 이른 아침 모일 수 있는 열정을 가진 이들이 모이니, 대화는 또 얼마나 흥미로울까요? 비슷한 감각과 에너지를 가진 사람들이 모이니 아침 시간에 오가는 대화 역시 자연스럽게 밀도가 높아집니다. 동시에 참여자들은 아침을 잘 통제하고 있다는 효능감을 경험하죠.

SMCC는 이 구조를 비즈니스로 확장했습니다. 피곤한 아침이 아니라, 아침을 새롭게 만들고자 하는 사람들이 모여 있다는 이미지를 명확하게 보여 주었어요. 그런 사람들과 만나고 싶은 브랜드들이 협업을 제안하고 있습니다. 국내를 넘어 해외 관광청과 협업해 특정 도시의 아침을 새롭게 경험하는 프로그램을 운영하기도 합니다.

SMCC가 시사하는 바는 분명합니다. 하나의 이미지를 만들고 그 이미지를 메시지로 정리해 세상에 전달하면, 그 안에서 다양한 비즈니스 기회가 생긴다는 점입니다. 커뮤니티를 유료로 운영하는 일은 분명 쉽지 않습니다. 기대치는 높고 제공해야 할 가치도 많죠. 하지만 특정한 감각과 태도를 가진 사람들을 연결하고, 그 집합 자체를 하나의 브랜드로 만들어 비즈니스로 확장하는 방식도 충분히 가능하다는 것을 SMCC는 잘 보여 주고 있습니다.

느슨한 연결로 10년을 만든 커뮤니티 -낯선대학

기업의 고객 커뮤니티 사례는 아니지만, 또 하나의 커뮤니티를 소개합니다. 낯선대학은 저와 지인 6명이 함께 만든 직장인을 위한 커뮤니티입니다. 2016년에 시작해 어느덧 10년을 맞이했습니다. 처음에는 "1년만 해보자!"라는 가벼운 마음으로 출발했지만, 참여자들의 반응이 좋아 이후 매해 새로운 멤버와 만나며 여전히 진행 중입니다. 현재는 콘셉트가 다른 세 개의 대학(낯선대학, 낯선대학 Y, 낯선대학 C)이 병행 운영되며, 지금까지 약 900명의 졸업생이 느슨하게 연결돼 있습니다.

'낯선대학'이라는 이름은 책《낯선 사람 효과》에서 가져왔습니다. 이 책은 '인생의 중요한 변화는 가까운 사람보다 오히려 건너 건너 연결된 낯선 사람으로부터 온다.'라는 메시지를 전합니다. 이 철학을 낯선대학의 멤버 모집 방식에 그대로 반영했습니다. 바로 홍보를 통한 공개 모집이 아닌, 앞 기수 멤버가 다음 기수 멤버를 초대하는 방식이었죠. 1기 역시 스태프 7명이 자신의 지인을 초대하며 시작됐습니다. 지인을 초대하긴 하지만, 친밀한 관계보다는 이 모임의 결에 어울리는 사람을 떠올려 초대하는 경우가 많았습니다. 덕분에 커뮤니티 안에는 '친한 사이'보다 '맞는 사람들'이 모였습니다.

운영 방식은 이름 그대로 대학을 닮았습니다. 세 개 대학 중 가장 오래된 낯선대학을 중심으로 소개를 해 보자면, 약 50명으로 구성된 멤버들이 모여 매주 월요일 저녁 2시간 동안 수업을 듣죠. 강사는 외부 전문가가 아니라 참여자들입니다. 매주 2명씩 돌아가며 자신의 일과 삶에서 얻은 경험과 생각을 강의로 나눠요. 모두가 강사이자 수강생이 되는 구조입니다. 이 방식은 비용을 절감하는 데에도 도움이 되지만, 그보다 중요한 것은 낯선 사람들 사이에서 자연스럽게 응원과 지지, 그리고 환대의 경험이 만들어진다는 점입니다. 각자의 자리에서 치열하게 살아온 사람들이 '우리 모두 이 견고한 시간을 통과하고 있구나.'라는 공감대를 공유하죠.

학사 일정도 대학과 비슷합니다. 3월에 입학식이 열리고, 서로 인사를 나눈 뒤 강의 일정과 연간 커리큘럼을 투표로 정합니다. 12월에 졸업식이 열리니 약 1년의 시간을 함께 보냅니다. 다만 최소 7회 이상 출석하고, 한 번 이상 강의를 맡아야만 졸업을 할 수 있습니다. 참여와 기여가 있어야만 졸업이 가능한 구조입니다.

학기 중에는 다양한 이벤트도 이어집니다. 5월에는 MT가 있고, 8월에는 방학이 있습니다. 하지만 방학이라고 해서 완전히 쉬지는 않습니다. '올(All)출(출석) 데이'라는 프로그램을 통해 모두가 한자리에 모여 수업 대신 지난 학기를 돌아보고, 다음 학기를 준비하죠. 이 자리에서 학생회 선거도 진행됩니다. 1학기가 스태프 중심의 운영이라면, 2학기부터는 학생회가 분위기를 이끌어갑니다. 커뮤니티의 주도권이 자연스럽게 참여자들에게 넘어가는 시점입니다.

외부 강사가 아닌 참여자가 직접 강의하는 구조 덕분에 시스템은 비교적 단순합니다. 다만 매주 강의 준비와 공간 세팅, 간단한 저녁 식사 제공 등 커뮤니티를 유지하기 위한 실무는 꾸준히 발생합니다. 이 모든 일을 스태프가 감당하기는 부담이 크기 때문에, 낯선대학은 '조교' 제도를 운영합니다. 행정조교는 수업과 행사를 지원하고, 기록조교는 사진 촬영을 맡습니다. 특히 전문가용 카메라로 기록된 사진은 생각보다 자신의 모습을 제대로 기록으로 남기지 못하는 직장인들과 커뮤니티에게 귀한 자산이 됩니다. 이 사진으로 멤버들은 각자 효능감을 얻기도 하고, 소속감을 느끼기도 하죠. 이 두 조교에게는 소정의 페이를 지급합니다.

낯선대학의 연간 학비는 약 40~50만 원 수준이며, 이 비용은 대관료와 조교 운영비 등 커뮤니티 유지에 사용됩니다. 흥미로운 점은 스태프 역시 동일하게 학비를 낸다는 것입니다. 이는 스태프가 자연스럽게 리더십과 책임감을 갖도록 만드는 장치이기도 합니다. 한 해가 끝나면 정산을 진행하고, 남은 비용은 참여자들에게 나누어 줍니다. 누구도 수익을 얻지 않지만, 누구나 관계와 경험이라는 형태의 혜택을 받는 구조입니다.

낯선대학에는 나이 제한이 있습니다. 33세에서 45세 사이의 직장인만 입학할 수 있습니다. 회사 직급으로 보자면 과장에서 부장 즈음의 사람들이죠. 처음 이 커뮤니티를 기획할 때, 마흔을 앞두고 찾아오는 인생의 질문과 불안을 함께 나눌 수 있는 또래 집단을 만들고자 했습니다. 1만 시간 법칙을 기준으로, 한 분야에서 충분히 경험을 쌓았다고 볼 수 있는 최소 나이를 33세로 설정했고, 공감대를 유지할 수 있는 최대 나이를 45세로 정했죠. 이후에 생겨난 낯선대학 Y(Young)는 32세 이하 직장인을 위한 대학, 낯선대학 C(Creative)는 연령대 폭이 좀 넓습니다. 25~45세입니다. 앞선 낯선대학과 Y가 직장인 대상이면, C는 예술가나 크리에이티브한 방식으로 일을 하는 이들이 모입니다.

1년의 과정을 마치고 졸업하면 '낯선대학 으쌰으쌰'라는 동문 오픈채팅방에 초대됩니다. 참여는 자율입니다. 이 공간에는 대학과 기수가 다른 졸업생들이 함께 모여 있지만, 초대를 통해 연결된 관계라는 점에서 기본적인 신뢰와 우호가 깔려 있습니다. 이곳에서 생일 축하나 경조사 이야기는 오가지 않습니다. 서로 도움을 주고받거나 정보를 나누는 대화가 주를 이루죠. 다양한 분야의 사람들이 모여 있기 때문에 대화의 결도 자연스럽게 넓어집니다. 언젠가 나도 도움이 필요할 수 있고, 또 누군가에게 도움을 줄 수 있다는 감각이 이 느슨한 연결을 오래 유지시키는 힘이 됩니다.

낯선대학은 친밀함을 강요하지 않아요. 대신, 적당한 거리에서 이어지는 신뢰와 지지를 통해 관계의 가능성을 넓혀갑니다. 이 커뮤니티가 10년 동안 이어질 수 있었던 이유도 아마 여기에 있을 것입니다.

4장

커뮤니티 빌더들을
위한 조언

커뮤니티는
고객과의 핫라인이다

요즘 "커뮤니티가 대세라던데, 우리도 꼭 해야 하나요?"라는 질문을 자주 듣습니다. 결론부터 말하면, 저는 커뮤니티를 반드시 해야 한다고는 생각하지 않아요.

　많은 기업이 커뮤니티를 '목적'이라고 생각합니다. 그러나 사실 커뮤니티는 문제를 해결하기 위한 하나의 '과정'입니다. 특히 기업의 고객 커뮤니티는 결국 고객 경험을 확장하는 장치입니다. 고객 경험이 좋아지면 고객이 우리 기업에 더 우호적으로 변하고 장기적인 비즈니스 관점에서 플러스가 됩니다. 따라서 기존의 고객 관리가 혜택 중심, 탑다운 방식의 관리였다면 이제는 '경험 중심'으로 전환하는 흐름이 만들어지고 있는 것이죠.

기업이 커뮤니티를 만들고 싶다면, 커뮤니티를 만들기 전에 가장 먼저 해야 할 질문은 이것입니다.

- 해결하고 싶은 문제가 무엇인가?
- 고객이 이 문제 해결에 실제로 도움을 줄 수 있는가?

고객이 문제 해결에 도움을 줄 수 없다면, 굳이 시간과 자원을 들여 커뮤니티를 만들 필요는 없습니다. 하지만 요즘은 고객의 힘을 어떻게든 활용해야 하는 시대이기 때문에, 커뮤니티의 형태를 여러 방식으로 변주한다면 고객의 힘을 잘 활용할 수도 있습니다. 꼭 수만 명 규모의 커뮤니티만이 커뮤니티는 아니기 때문이죠.

대표적인 예가 올리브영입니다. 올리브영 사이트에는 방대한 고객 리뷰가 쌓여 있습니다. 리뷰는 기업이 만든 콘텐츠가 아니라 고객이 자발적으로 만든 콘텐츠입니다. 많은 고객이 제품을 구매하기 전, 이미 구매 후 사용해 본 사람들의 리뷰를 참고하기 때문에 리뷰는 기업의 중요한 자산이 됩니다. 따라서 고객이 리뷰를 작성한 시점에서 고객은 이미 올리브영의 귀중한 파트너가 되는 것입니다.

저는 이것 또한 커뮤니티의 한 형태라고 봅니다. 울타리가 있는 형태만이 커뮤니티가 아니라, 낮은 단계지만 강력한 커뮤니티적 구조도 존재하는 것이죠. 기업이 아무리 "우리 제품 좋아요!"라고 외쳐도 소비자가 신뢰하지 않으면 구매는 이뤄지지 않습니다. 멋진 소개와 이미지는 기업이 만들 수 있지만, 고객 리뷰는 절대 스스로 만들어 낼 수 없죠. "어떻게 하면 고객 리뷰를 자연스럽게 유도할까?"라는 질문부터가 이미 커뮤니티 설계의 출발입니다. 고객이 제품·서비스·마케팅 과정에 참여하는 모든 구조가 커뮤니티의 일부이기 때문입니다.

결국 커뮤니티는 목적이 아니라, 비즈니스 문제를 해결하기 위해 고객의 도움이 필요할 때 선택하는 전략입니다. 이때 어느 정도 수준의 커뮤니티를 만들지, 어떤 참여 형태가 맞는지를 기업 상황에 따라 결정하면 됩니다.

예를 하나 더 들어볼까요? 배달의민족은 초기에 '배짱이'라는 100~200명 규모의 오프라인 커뮤니티를 운영했습니다. 이들은 직원 대신 고객의 시선에서 피드백을 주고, 굿즈나 이벤트에서도 큰 역할을 했습니다. 당시 김봉진 대표도 이들 활동에 큰 관심을 보였고, 여러 행사에 함께했어요. 하지만 배달의민족이 급격히 성장하면서 100명 규모 커뮤니티가 가진 영향력만으로는 부족해졌습니다. 그래서 배달의민족은 2019년, 커뮤니티 전략을 과감하게 전환합니다. 기존 배짱이 3기까지의 경험을 정리한 뒤, 이 시스템을 뉴스레터 기반 커뮤니티로 확장한 것입니다.

뉴스레터 구독자들은 단순한 광고 수신자가 아니라, 기업의 깊은 이야기와 비하인드를 보고 싶어하는 더 높은 단계의 고객층입니다. 이 전환을 통해 단숨에 1~2만 명 단위의 얇지만 넓은 커뮤니티가 만들어졌습니다. 오프라인 커뮤니티가 온라인으로 넘어가며 확장된 사례죠. 이처럼 커뮤니티의 형태는 기업의 성장 단계와 상황에 따라 충분히 달라질 수 있습니다.

최근 작은 식당이나 소상공인들도 커뮤니티를 매우 중요하게 생각합니다. 앞서 소개한 쇼니노와 미미옥이 예입니다. 이들은 가게 안에서만 머물면 시야가 좁아지는 것을 잘 알고 있기 때문에, 자신만의 세계관을 만들고 그 세계를 함께 즐길 사람들을 모아요. 이를 통해 새로운 아이디어를 얻고 확장되는 경험을 만들며, 더 단단한 팬층을 구축하려는 것이죠. 특히 소셜미디어 덕분에 소규모 가게라도 모두 커뮤니티적 관점으로 고객을 모을 수 있게 되었습니다. 이를 잘하는 사업자일수록 더 큰 영향력과 팬덤을 갖죠.

고객과의 핫라인

결국 커뮤니티의 본질 중 하나는 고객과의 핫라인을 만드는 것입니다. 기업이 작을 때는 고객이 선명하게 보입니다. 하지만 기업이 커지면 관리해야 할 고객군이 다양해집니다. 홍보팀 고객은 기자, 사회공헌팀 고객은 NGO, 대외협력팀 고객은 정부 기관, IR팀 고객은 투자자… 기업이 커질수록 고객이 여러 종류로 분화됩니다. 그런데 정작 가장 중요한 소비자와는 거리가 점점 멀어지죠. 연애를 하려면 상대의 마음을 알아야 하는 것처럼, 사업을 하려면 고객의 마음을 부단히 챙겨야 하는데 어느새 고객을 뾰족한 개인이 아닌 집단으로 보기 시작하는 것입니다. 나이, 성별, 지역 등의 구분으로 고객을 이해하려 하지만, 이제는 통하지 않죠.

　고객의 마음을 잡기 위해서는 고객을 좀 더 구체적으로 선명하게 봐야 합니다. 이때 고객 커뮤니티가 기업과 소비자를 다시 '뜨겁게' 연결하는 핫라인 역할을 할 수 있습니다. 커뮤니티는 소비자의 목소리가 가장 빨리, 직접적으로 도달하는 채널이기 때문입니다. 이런 측면에서도 커뮤니티는 많은 기업에게 여전히 필요합니다.

즉 '커뮤니티를 해야 한다' 혹은 '안 해도 된다'가 아니라, '고객과 어떤 관계를 만들고 싶은가?'라는 질문이 더 중요합니다. 그 관계를 눈에 보이도록 구현한 것이 바로 커뮤니티입니다.

고객의 경험을 위해
고객을 경험하자

요즘 브랜드에게 중요한 건 단순히 제품의 품질이 아닙니다. 제품은 이미 당연히 좋아야 하는 것이고, 그보다 더 중요한 건 고객이 제품을 경험하는 모든 순간을 어떻게 설계하느냐입니다. 매장 방문부터 주문 과정, 배송, 사용까지 이어지는 전 과정이 바로 '고객 경험'이죠.

그런데 고객 경험을 잘 설계하기 위해서는 한 가지 전제가 필요합니다. 바로 고객'의' 경험을 이해하는 동시에 고객'을' 직접 경험해야 한다는 점입니다. 고객 경험 사이에 어떤 조사가 들어가느냐에 따라 의미가 완전히 달라집니다.

대부분의 브랜드는 고객'의' 경험을 좋게 만드는 데 집중합니다. 고객이 겪는 과정을 개선하려는 것이죠. 하지만 고객'을' 경험한다는 표현이 들어가는 순간 관점이 바뀌어 기업이 고객을 직접 경험한다는 의미가 됩니다.

대부분의 기업에서는 고객을 직접 경험하는 사람이 매우 제한적입니다. 대표는 고객을 거의 만날 일이 없고, 직원들도 실제 고객을 접하기보다는 대행사를 통해서만 고객을 간접적으로 파악합니다. 정작 고객을 실제로 대면하는 사람은 현장 직원이나 CS 담당자뿐이죠. 그래서 조직이 커질수록 고객과 기업 사이의 거리는 더 멀어집니다. 직원들은 고객의 진짜 목소리를 체감하지 못하고, 그러다 보면 고객 경험 개선도 실질적인 힘을 잃습니다.

바로 여기에서 고객 커뮤니티가 강력한 역할을 하게 됩니다. 고객 커뮤니티를 운영하면 조직 전체가 고객과 가까워질 수 있습니다. 특히 리더나 핵심 조직이 고객을 직접 경험하게 되고, 그 경험을 기반으로 고객의 실제 니즈에 맞는 의사결정을 할 수 있게 됩니다. 결국 기업이 고객을 경험하면 할수록, 고객의 경험 또한 자연스럽게 좋아집니다. 그래서 저는 고객 경험을 이야기할 때, 고객'의' 경험을 개선하는 것과 기업이 고객'을' 경험하는 것, 이 두 가지 관점이 모두 필요하다고 강조합니다.

물론 다양한 리서치나 통계 자료를 통해 고객의 니즈를 파악할 수 있습니다. 하지만 숫자와 텍스트만으로는 숨겨진 맥락과 미묘한 감정, 말하지 않은 진짜 이유를 완전히 담아내기 어렵습니다. 리서치는 힌트를 주지만, 보다 깊은 인사이트를 얻기 위해서는 결국 고객 안으로 직접 들어가야 합니다. 커뮤니케이션은 말로만 이루어지지 않기 때문입니다.

이런 이유로 고객 커뮤니티만큼은 대행사가 주도해서 운영해서는 안됩니다. 물론 실행을 도와줄 사람은 필요하지만, 커뮤니티의 중심에는 반드시 직접 고객을 만나는 기업 내의 직원들이 있어야 합니다. 그래야 고객의 실제 감정과 경험이 조직 안으로 흘러 들어오고, 그것이 진짜 고객 경험 개선으로 이어지기 때문입니다. 그런데 소셜미디어를 보다 보면 '고객 경험을 좋게 만들어 드립니다.' '고객 커뮤니티를 만들어 드립니다.'라는 광고를 종종 볼 수 있습니다. 저는 이런 문구를 볼 때마다 의구심이 듭니다. 이벤트를 만들어 줄 수는 있겠지만, 대행사가 실제로 고객과 기업을 연결하는 진짜 커뮤니티를 만들 수 있을까요? 대행사가 아무리 잘한다고 해도, 그들의 보고서에는 일정한 '세탁'이 들어갈 수밖에 없습니다. 깔끔하게 정리된 결과물만 보면 모든 것이 평화롭고 문제없어 보일 수 있습니다. 그러나 진짜 얼룩(문제)을 발견하려면 현장에 직접 들어가야 합니다. 그런 측면에서 고객 커뮤니티는 고객을 경험하기 좋은 방법입니다. 고객을 직접 만나고 대화를 나눌 수 있다는 건 브랜드의 성장에 더할 나위 없는 기회입니다.

고객과 브랜드가
함께 성장한다는 것

고객과 브랜드 사이에 형성되는 커뮤니티는 서로의 지속가능한 성장을 이끄는 중요한 연결 고리입니다. 양쪽 모두 분명한 니즈가 있고, 그 니즈가 오가는 과정 속에서 자연스럽게 교류가 이루어지며 성장 가능성이 싹트죠. 그 성장은 단순히 좋은 분위기에서 끝나는 것이 아니라 실제로 기업의 매출, 브랜드의 새로운 기회, 고객의 영향력 강화, 피드백 품질, 채용의 연결 등 다양한 형태로 나타나게 됩니다. 그래서 많은 기업이 기대를 품고 고객 커뮤니티를 지원하거나 직접 운영합니다.

기업 입장에서 중요한 지점은 브랜드와 우호적인 사람

들, 특히 브랜드의 비전과 가치에 공감하는 이들 가운데 영향력을 가진 사람들 혹은 앞으로 영향력을 갖고자 하는 활동적이고 의욕적인 사람들과 연결되는 것입니다. 전자는 이미 인플루언서이거나 얼리어답터, 기버 같은 성향을 가진 사람들일 수 있고, 후자는 그런 역할을 하고 싶어서 적극적으로 참여하려는 사람들입니다. 이들을 모아 '고객 커뮤니티'의 기초를 쌓습니다. 이들만으로 커뮤니티가 구성되기도 하고, 이들을 발판 삼아 더 많은 고객을 자연스럽게 모으기도 합니다.

이렇게 커뮤니티를 통해 고객을 이해하기 시작하면, 매번 하던 방식 그대로 반복하던 고객 프로그램들이 훨씬 더 뾰족하고 예리해집니다. 단발성 이벤트보다 장기적인 관계를 만들고 그 관계의 밀도를 높이는 활동으로 전략이 바뀌어요. 덕분에 예산을 아끼고, 필요한 곳에 더 효과적으로 사용할 수 있습니다. 고객이 제품과 서비스 제작 과정에 직접 참여할 수도 있습니다. 예전에는 결과물이 나온 이후에 바이럴하는 것이 최선이었다면, 이제는 제작 과정부터 고객이 깊게 개입합니다. 이러한 흐름은 고용의 형태, 일의 방식 변화와도 맞닿아 있습니다.

고객 경험이 높아지면 어떤 변화가 일어날까요? 첫째로, 경쟁사 대비 브랜드의 성장 속도가 빨라집니다. 경쟁은 결과물의 경쟁이 아니라 '과정'의 경쟁입니다. 그 과정에 고객을 얼마나 효과적으로 참여시키느냐가 핵심입니다.

예전에는 제품만 잘 만들면 그것만으로 좋은 고객 경험이었습니다. 이후 경쟁이 치열해지며 마케팅이 고도화되고, CS가 강화되고, 다양한 고객 접점(전화, 웹, 오프라인 등)의 서비스가 개선되었습니다. 하지만 이 단계까지의 경험은 집단적인 고객을 향한 경험이었어요.

고객 커뮤니티는 그중에서도 대화가 가능한 특정 고객들을 중심으로 이루어집니다. 그들과 함께 고객 경험의 폭, 깊이, 높이를 새롭게 정의하고 만들죠. 이 과정은 절대 일방적일 수 없으며, 양쪽이 협력자가 되어야만 가능합니다. 이 협력 구조가 경쟁사 대비 더 빠른 성장을 가능하게 합니다.

둘째, 고객의 성장도 함께 일어납니다. 미디어를 가진 고객들(영향력 있는 고객들)이 한편이 되어 준다면 그 효과는 매우 큽니다. 과거에는 기업만이 미디어를 가지고 있었고 기업만이 돈으로 미디어를 움직일 수 있었습니다. 그러나 이제는 모든 개인이 자신의 미디어를 가진 시대입니다. 각자의 관점으로 의견을 표현하고, 스스로 영향력을 키워 나갑니다. 고객도 본인의 영향력을 높이기 위해 노력합니다. 영향력이 곧 경제적 기회가 되는 시대이기 때문입니다. 커뮤니티 활동은 이들에게 큰 도움이 됩니다. 서로를 소환하고, 소개하고, 협업이 생기며, 기업의 중요한 콘텐츠를 누구보다 빠르게 확보해 자신만의 이야기로 재해석할 수 있게 됩니다.

고객 커뮤니티는 단순한 관리 대상이나 마케팅 채널이 아니라, 기업과 고객이 함께 성장하는 하나의 구조이자 시스템으로 기능할 수 있습니다. 기업은 고객을 통해 더 빠르고 정교하게 방향을 조정하고, 고객은 커뮤니티 안에서 경험과 영향력을 축적하며 자신의 가능성을 확장하죠. 이 상호작용이 반복될수록 관계는 더 단단해지고, 성장은 우연이 아닌 설계 가능한 결과가 됩니다. 고객과 기업이 같은 방향을 바라보며 함께 움직일 때, 커뮤니티는 가장 강력한 경쟁력이 됩니다.

커뮤니티를 복잡하게 생각하지 말자

'커뮤니티'라는 개념을 너무 크고 복잡하게 생각하지 않아도 됩니다. 두 명 이상이 지향점을 나누고 서로에게 영향을 주면 모두 커뮤니티예요. 브랜드의 성장을 바라는 고객과 만나기만 한다면 그것 역시 커뮤니티입니다.

예전에는 저도 인스타그램과 같은 소셜미디어를 커뮤니티라고 부르는 게 낯설었습니다. 그런데 지금은 인스타그램 역시 분명한 커뮤니티 형태라고 느낍니다. 사람들은 팔로우 관계를 통해 연결되기도 하지만, 더 중요한 건 해시태그를 기반으로 한 '연결, 연대, 연속'입니다. 소셜미디어에서도 어떤 어젠다나 문제의식이 생기면 사람들은 해시태그로 모이고, 공감을 나누고, 해결을 위해 함께 움직였다가 다시 흩어지기도 하죠. 이런 움직임 자체가 커뮤니티의 핵심적인 작동 방식입니다.

뉴스레터도 매우 유효한 커뮤니티 방식입니다. 뉴스레터는 단순한 '구독 관계'가 아니라, 일종의 깊은 팔로우십이라고 할 수 있습니다. 구독자들은 발행자의 이야기를 경청하고, 생각보다 많은 사람이 뉴스레터에 답장을 보내며 의견을 나눕니다. 또한 퀴즈, 이벤트, 질문 등 다양한 장치를 통해 피드백을 유도하기도 하죠. SNS 댓글은 흔적이 남아 부담스럽지만, 뉴스레터는 일대일로 의견을 주고받기 때문에 훨씬 편하게 참여할 수 있고요. 이런 점에서 뉴스레터 역시 느슨하지만 아주 효과적인 커뮤니티 형태입니다.

온라인 게시판도 커뮤니티입니다. 많은 브랜드가 온라인에 고객 게시판을 두고 이를 '커뮤니티 게시판'이라고 부르곤 합니다. 저는 이런 공간도 충분히 커뮤니티의 한 형태라고 생각합니다. 커뮤니티의 본질은 두 가지뿐이기 때문입니다. 두 명 이상이 존재할 것, 서로 같은 지향점을 공유하고 영향을 주고받을 것. 그 기준만 충족하면 얼마든지 커뮤니티가 될 수 있습니다.

물론 고객의 마음과 기업의 마음은 완전히 같지는 않겠

지만, 서로 의견을 나누고 조율하는 과정 자체가 이미 커뮤니티의 작동 방식입니다. 모든 고객이 글을 쓰는 건 아니지만, 누군가의 경험과 의견이 또 다른 고객의 구매와 판단에 영향을 미치죠. 그렇게 온라인에서도 사용자들끼리 서로 영향을 주고받기 때문에, 온라인 게시판 역시 엄연한 커뮤니티라고 봅니다.

예전에는 브랜드를 운영하다 막히는 부분이 생기면 컨설턴트에게 묻고 그들의 답을 따라가는 방식이 익숙했습니다. 당시에는 산업이 계단식으로 성장했기 때문에, 컨설턴트가 상위 단계의 경험을 알려주는 구조가 잘 맞았죠. 하지만 이제는 상황이 달라졌습니다. 현장은 변수가 너무 많고, 어디서 어떤 변화가 일어날지 예측하기 어렵습니다. 컨설턴트의 조언만으로는 해결이 되지 않는 문제가 점점 더 많아지고 있어요. 이제 기업이 가장 중요하게 생각해야 하는 건 직원들이 직접 문제를 해결하는 역량, 그리고 진짜 고객으로부터 오는 생생한 인사이트입니다.

최근에는 위기를 헤쳐 나가기 위해 고객에게 설문을 보내거나 뉴스레터로 의견을 묻고, 그중 실제 적용 가능한 부분을 바로 반영하는 사례들이 많습니다. 지금은 이런 방식의 문제 해결이 무척 효과적인 시대입니다. 오늘날의 고객은 더 많은 경험과 지식을 갖고 있고, 예전처럼 수동적으로 브랜드를 소비하지 않기 때문입니다. 이제 고객의 피드백은 단순한 의견이 아니라 전략이 되죠.

여전히 컨설턴트의 도움을 받을 수 있지만, 그보다 중요한 건 고객과 어떻게 상호작용하며 함께 성장할 것인가, 그리고 이들과 어떻게 윈윈 구조를 만들 것인가입니다. 결국 고객 경험, 고객과의 관계, 그리고 성장 방식까지 모두 커뮤니티라는 프레임 안에서 다시 해석될 수 있는 것이죠. 그렇기 때문에 '커뮤니티'라는 단어 그 자체에 얽매이기보다 왜 커뮤니티가 필요한지, 어떤 역할을 하는지 그 이유를 먼저 찾는 것이 훨씬 의미 있습니다.

나만의 커뮤니티를 만들고 싶을 때

많은 사람이 작게라도 나만의 커뮤니티를 만들고 싶어 합니다. 하지만 막상 시작하려고 하면 "이게 될까?" "시간과 비용이 얼마나 들까?" "실패하진 않을까?" 같은 걱정들이 먼저 떠오르죠. 기업이라면 명확한 목적이 있지만, 개인은 훨씬 더 많은 불확실성을 감당해야 하니까요. 그래서 저는 커뮤니티를 만들고 싶다고 조언을 구하는 분들에게 세 가지 이야기를 합니다.

첫째, 만들려고 애쓰기보다 먼저 기존의 커뮤니티에 올라타 보세요. 직접 운영을 시작하기 전에 관찰자로 경험을 쌓아 보는 거예요. 커뮤니티는 수없이 많습니다. 유료 커뮤니티도 있고, 무료 커뮤니티도 있고, 공공·민간에서 운영하는 프로그램도 많죠. 관심 있는 주제로 운영되는 커뮤니티도 이미 존재할 가능성이 큽니다.

물론 추구하는 것과 조금은 다를 수도 있지만, 기존의 커뮤니티에 참여하면 생각보다 얻는 것이 많습니다. 어떤 주제가 어떻게 다뤄지는지, 사람들의 관심은 어디에 있는지, 운영자는 어떻게 커뮤니티를 이끄는지, 참여자끼리는 어떤 관계를 맺는지와 같은 것을 눈앞에서 직접 관찰할 수 있어요. 자연스럽게 네트워크도 넓어지고, 리더와도 친해지고, 운영 방식도 익히게 됩니다.

무엇보다 중요한 건 "내가 이걸 직접 할 수 있을까?"를 가늠할 수 있다는 점입니다. 어떤 사람은 참여해 보니 "나도 만들 수 있겠다!"라는 자신감이 생기고, 또 어떤 사람은 "나는 만들기보단 올라타는 게 더 잘 맞네?"라는 자기 성향을 확인하기도 합니다. 커뮤니티 생태계에는 빌더만 있는 것이 아닙니다. 참여자가 훨씬 많죠. 그러니 처음부터 빌더가 될 필요도, 억지로 무언가를 만들 이유도 없습니다. 일단 올라타 보세요. 거기서부터 길이 열립니다.

둘째, 커뮤니티를 만들기 이전에 꾸준히 콘텐츠를 발행해 보세요. 아무것도 없이 곧바로 커뮤니티를 모집하기보다 먼저 내가 좋아하고 커뮤니티를 만들고 싶은 분야를 담은 콘텐츠를 쌓는 것입니다. 인스타그램, X, 블로그 무엇이든 괜찮습니다. 중요한 건 꾸준함입니다. 사람들은 게시물을 보면서 자연스럽게 "이 사람이 정말 진심인가?" "이 관심이 꾸준한가?" "이 분야에 대해 믿을 만한가?" 같은 생각을 합니다. 꾸준함이 쌓이면 신뢰가 생기죠. 그때 비슷한 관심을 가진 사람들이 댓글로 반응하기 시작합니다. DM을 보내는 사람도 생기며 자연스럽게 서로의 존재를 알아보게 됩니다. 그렇게 온라인에서 작은 교류가 쌓이면, 일부러 커뮤니티를 모집하지 않아도 어느 순간 자연스럽게 '모여 볼까?'라는 흐름이 만들어집니다.

셋째, 작고 가볍게 시작하세요. 자연스럽게 흐름이 만들어졌어도 처음부터 정식 커뮤니티를 제안하면 부담스럽습니다. 그래서 추천하는 방식이 일회성의 만남 또는 가벼운 커피챗입니다. 서로가 얼마나 맞는지, 어떤 대화가 가능한지 테스트할 수 있는 안전한 방식이죠. 이런 작은 이벤트를 몇 번 하다 보면 이 사람들이 얼마나 지속적으로 모일 수 있을지, 이 모임이 커뮤니티로 확장될 수 있을지, 어떤 리듬과 규모로 운영하면 좋을지 같은 내용에 대해 자연스럽게 감이 잡힙니다. 커뮤니티의 '1차 검증'이 이 작은 만남에서 이루어지는 것입니다. 이런 작은 테스트는 기업이라면 시도해 보기 어렵죠. 오히려 개인이기에 자유롭게 시도할 수 있는 부분을 잘 활용하는 것이 도움이 됩니다.

꾸준한 콘텐츠 발행과 작게 시작하는 것이 어떤 기회를 가져오는지 보여 주는 유명한 사례가 있어요. 바로 앞에서 언급한 두끼 떡볶이 김관훈 대표의 이야기입니다. 그는 회사에서 열정 없는 대리로 하루하루를 보내다가, 문득 자신의 행복한 기억이 '어릴 때 먹던 떡볶이'라는 걸 깨닫고 떡볶이 공부를 시작했다고 합니다. 떡볶이 동호회에도 가입을 하려고 찾아봤는데 존재하지 않아 직접 네이버 카페를 만들었죠. 처음엔 방문자가 적은 소소한 카페였습니다. 그런데 꾸준히 '떡볶이'라는 주제로 글이 발행되니 조금씩 사람들이 들어오기 시작했습니다. 이후 카페가 더 성장하자 그는 회원들과 함께 전국의 떡볶이집을 방문하며 콘텐츠를 만들기 시작했다고 해요. 당연히 카페는 폭발적으로 성장했고, 회원 모임도 이어졌습니다. 그 모임에서 삼진어묵 박용준 대표를 만나 협업하는 사이가 되기도 했죠. 결국 자신만의 즉석 떡볶이를 요리해 먹을 수 있는 떡볶이 프랜차이즈, 두끼 떡볶이가 탄생하게 되었습니다.

이 사례에서 알 수 있는 것은 두 가지입니다. 바로 "작게 시작하라." "꾸준한 콘텐츠는 기회를 만든다."입니다. 특히 자신의 이야기가 담긴 콘텐츠는 다른 누구의 것과도 달라 신뢰를 만듭니다. 처음부터 거창하게 출발할 필요는 없습니다. '작게 그리고 꾸준하게!' 이걸 기억하고 당신만의 커뮤니티를 시작해 보세요.

커뮤니티를 보여 주는 법 (feat. SNS)

소셜미디어는 이제 커뮤니티 운영에서 선택이 아니라 필수에 가깝습니다. 특히 시즌제로 운영되는 커뮤니티라면 후속 멤버를 모집해야 하기 때문에, 자연스럽게 SNS를 강하게 활용하는 전략을 취할 수밖에 없습니다. 커뮤니티 운영에서 '기록'을 잘 남기는 것은 단순한 아카이빙을 넘어 커뮤니티의 매력을 바깥으로 전달하는 작업과 직결됩니다.

그중에서도 인스타그램은 여전히 공식 채널에 가까운 역할을 합니다. 다만 커뮤니티 인스타그램 운영에 특별한 비법이 있는 건 아니예요. 사실 필요한 것은 인스타그램이라는 매체의 감성을 이해하는 감각입니다.

인스타그램에서는 그 커뮤니티의 공간 분위기, 참여자들의 표정, 함께 다루는 콘텐츠의 결과 같은 '경험의 질감'이 사진을 통해 읽혀야 합니다. 한 장의 이미지가 커뮤니티 분위기를 즉각적으로 전달해 주죠. 좋은 사진을 찍으려고 과도하게 집착하지는 말아야 하겠지만, 그렇다고 대충 한두 장 찍은 사진으로는 우리 커뮤니티를 좋은 커뮤니티라고 어필하기 어렵습니다.

사람들은 "이 커뮤니티에 들어가면 어떤 사람들이 있고 어떤 분위기일까?"를 가장 궁금해합니다. 그래서 대표나 호스트 얼굴만 나오는 것보다 참여자들이 함께 있는 사진, 단체샷이 훨씬 효과적입니다. 북클럽 트레바리가 매번 모임 단체 사진을 남기는 것도 같은 이유죠. 특히 시즌제로 운영되는 커뮤니티는 소셜미디어 기록이 거의 필수에 가깝습니다. 앞선 시즌의 참여자들이 어떤 활동을 했는지, 어떤 분위기였는지, 누가 참여했는지가 다음 시즌을 고려하는 사람들에게 가장 중요한 정보가 되기 때문입니다. 그래서 이전 활동을 꾸준히 보여 주는 것 자체가 강력한 레퍼런스 역할을 합니다.

SNS 채널의 종류는 인스타그램에 국한되지 않습니다. 블로그, 뉴스레터, 유튜브 등 자신에게 맞는 온드 미디어를 활용해 꾸준히 메시지를 발신하는 브랜드와 커뮤니티가 결국 더 많은 관계를 만들어 냅니다. 특히 인플루언서 기반의 커뮤니티들은 이미 미디어 팔로워를 갖고 있기 때문에 이 기반 위에서 다양한 실험(작은 모임부터 대형 프로젝트까지)을 자연스럽게 시도할 수 있습니다. 중요한 것은 특정 플랫폼이 아니라, 미디어를 통해 지속적으로 자신의 활동과 분위기를 보여 주고 관계를 만든다는 태도입니다.

사람들은 먼저 서로를 알아야 뭉칠 수 있습니다. 모두 숨어 버리면 서로를 알 수가 없습니다. 커뮤니티가 성장하려면 스스로를 드러내는 활동이 반드시 필요합니다. 소셜미디어는 커뮤니티의 분위기와 매력을 전달하는 가장 효과적인 창구입니다. 사진 한 장이 커뮤니티의 문을 열어 주는 셈입니다.

좋은 커뮤니티 콘텐츠 사례: 참여자 인터뷰

커뮤니티에서 특히 효과적인 콘텐츠 중 하나가 참여자 인터뷰입니다. 운영자가 아닌 실제 멤버의 목소리를 콘텐츠에 담아 내는 방식이죠. 참여자 인터뷰 콘텐츠가 좋은 이유는 단순합니다. 가입을 고민하는 사람의 입장에서, 커뮤니티 안에서 활발하게 활동하는 멤버가 자신의 이야기를 들려준다면 자연스럽게 롤모델이 되기 때문입니다. 참여자 인터뷰는 다른 참여자들에게 '이 커뮤니티에서 무엇을 경험할 수 있는지'를 가장 현실적으로 보여 줍니다.

더 중요한 지점은 이 메시지가 호스트의 목소리가 아니라 멤버의 입을 통해 전달된다는 점입니다. 운영자가 "우리 커뮤니티 좋아요."라고 말하는 것보다, 실제 경험자가 자연스럽게 들려주는 이야기가 훨씬 설득력 있습니다. 브랜드에서 고객 인터뷰를 적극적으로 활용하는 이유도 동일합니다. 단, 여기에는 한 가지 전제가 있습니다. 인터뷰 대상은 아무 고객이 아니라 이 커뮤니티의 지향점을 잘 보여 주는 사람이어야 합니다. 그래야 자연스럽게 롤모델의 역할을 할 수 있어요.

이 방식은 미디어 관점에서도 의미가 큽니다. 우리가 흔히 말하는 온드 미디어의 영역에서, 참여자 인터뷰 콘텐츠는 동시에 온드 미디어의 성격을 띱니다. 즉 운영자가 직접 자기 자랑을 하는 것이 아니라, 멤버의 경험을 통해 커뮤니티의 매력이 드러나도록 만드는 방식입니다. 이런 콘텐츠는 커뮤니티의 신뢰도와 진정성을 높이고, 커뮤니티의 분위기와 가치를 가장 자연스럽게 외부에 보여 주는 좋은 도구입니다.

부록

커뮤니티 메이킹
3단계
체크리스트

커뮤니티 디자인 체크리스트

커뮤니티 디자인은 커뮤니티를 만드는 첫 단계입니다. 무궁무진했던 아이디어를 선별하고 정리하죠. 특히 디자인을 통해 정리되는 것은 참여자가 모집 안내를 볼 때 궁금해하는 것입니다. 그러니 참여자가 어떤 것에 관심이 있을지 생각하며 아래의 체크리스트를 하나하나 채워 보세요. 이 과정은 커뮤니티의 세 가지 핵심 요소를 정리하는 과정이기도 합니다.

① 콘셉트(지향점)

✓ 우리 커뮤니티를 한 줄로 정의한다면?

✓ 우리 커뮤니티의 목표(참여자들이 얻게 될 변화)는?

② 프로그램

✓ 변화를 위한 핵심 활동은?

✓ 핵심 활동을 돕기 위한 서브 활동이나 이벤트는?

* 핵심 활동은 커뮤니티 매니징 단계에서 수정 보완할 수 있고, 서브 활동이나 이벤트는 지금 단계에서 정하지 않더라도 커뮤니티 매니징 단계에서 추가할 수도 있습니다.

③ 온·오프라인 기반 환경

✔ 우리 커뮤니티의 핵심 활동은 온라인과 오프라인 중 어디에 적합할까?

✔ 오프라인이라면 어디에서? 온라인이면 어떤 플랫폼에서?

* 온라인·오프라인 선택 없이 주어진 조건을 활용해야 한다면, 문제가 될 만한 이슈를 해결할 방법을 모색해 보세요.

④ 시간

✔ 우리 커뮤니티의 운영 기간은?

✔ 우리 커뮤니티의 모임 요일과 시간은?

✔ 우리 커뮤니티의 모임 주기는?

⑤ 대상자와 규모

✔ 우리 커뮤니티에 적합한 대상과 규모는?

⑥ 운영 조직

✔ 우리 커뮤니티 규모에 맞는 스태프의 수는?

* 멤버 15명당 1명의 스태프가 적절합니다. 스태프의 관심과 시선이 참여자에게 닿을 수 있는 최대치는 약 15명입니다. 멤버가 그 이상이 된다면 인원에 따라 스태프를 늘릴 필요가 있습니다.

⑦ 리워드

✔ 우리 커뮤니티의 정량적 리워드는?

✔ 우리 커뮤니티의 정성적 리워드는?

* 눈에 보이는 것은 정량적 리워드이지만, 참여자들은 이 활동을 통해 어떤 변화를 경험하고 어떤 영향력을 가지게 될지 등 정성적 리워드에도 관심을 가집니다.

⑧ 비용 구조(In&Out)

✔ 우리 커뮤니티에 후원을 받을 수 있을까?

✔ 스폰서가 없다면 우리 커뮤니티의 수입은?

✔ 참가비의 유무는? 있다면 어느 정도?

✔ 주요 지출 비용은? (장소 대관, 기념품, 리워드, 인건비 등)

✔ 수입과 지출에 대한 계획은 적절한가?

* 참가비는 진입 장벽이 되기도 하지만, 참가비를 일부라도 내게 되면 참여 의지가 달라집니다.

* 참여자들은 자신의 돈이 들어간 경우 비용에 민감하게 반응합니다. 정기적인 예산 보고 및 감사를 진행해 신뢰를 쌓는 것이 중요해요.

⑨ 커뮤니케이션 방식

✔ 온라인 소통은 어떤 메신저를 사용할까?

✔ 우리 커뮤니티의 아카이빙을 위한 툴은?

* 카카오톡의 경우 멤버 간 밀도를 높이고 싶다면 일반채팅방, 멤버 간 적당한 거리가 필요한 경우엔 오픈채팅방을 추천합니다.

* 대개 채팅방으로 운영을 하지만, 커뮤니티가 많은 자료를 공유하거나 서로 협업을 해야 한다면 노션이나 슬랙 등 협업 툴을 활용하는 경우도 있습니다.

⑩ 커뮤니티 룰

✔ 우리 커뮤니티의 기본적인 룰은?

✔ 멤버 간 지켜야 할 최소한의 약속은?

* 커뮤니티 룰에는 우리 커뮤니티가 어떤 목적으로 만들어졌고, 그걸 위해 어떤 활동을 하는지 간단히 소개합니다.

* 멤버 간 지켜야 할 최소한의 약속에는 대개 정치, 종교, 젠더 갈등에 대한 주의를 당부합니다. 그 외에도 커뮤니티가 잘 운영되기 위한 우리 커뮤니티만의 기본 약속을 안내할 수 있습니다.(트레바리의 경우, 모임 2일 전 독후감 제출이 기본 룰입니다.)

⑪ 네이밍

✔ 우리 커뮤니티의 이름은?

* 목적, 참여자, 프로그램 등을 고려해 모두가 좋아할 이름을 정해 보세

요. 복잡하지 않으면서도 커뮤니티의 의도가 담기면 좋습니다. 이름은 쓰기도 좋아야겠지만, 무엇보다 입에 잘 붙어야 좋습니다(라이프집, 오하우스, 트레바리, 넷플연가, 낯선대학 등).

커뮤니티 빌딩 체크리스트

커뮤니티 빌딩 단계는 디자인 단계에서 설정한 커뮤니티를 실제로 세우는 과정입니다. 참여자 모집과 그들과의 첫 대면까지가 빌딩에 속하죠. 모집 안내, 신청, 선발, 모임 구성, 오리엔테이션이 그에 해당합니다.

① 가입 절차

✔ 가입 신청은 어떤 방식으로 할까? (초대, 구글 폼 등)

✔ 멤버 선정은 선착순과 선발 중 어떤 방식으로 할까?

✔ 선발일 경우 어떤 조건을 걸어야 할까?

✔ 신청 기간은 언제까지?

* 참가비를 내야 최종적으로 참가 확정이 되는 커뮤니티도 있습니다. 이 경우 신청이 완료되었더라도 일정 기간 참가비를 내지 않을 경우, 참여 취소가 될 수 있음을 안내해야 합니다.

② 신청서

✔ 참여 신청서에 아래와 같은 내용이 포함되었나?

- 이름, 연락처, 이메일 등 기본 개인 정보
- 커뮤니티 활동을 통해 기대하는 것
- 공개 가능한 SNS 계정

- 초상권 활용에 대한 동의
- 참가비가 있는 경우 참가비 입금 및 환불에 대한 안내

③ 모집 안내

✔ 모집 안내 공지에 아래와 같은 내용이 포함되었나?

- 커뮤니티 디자인에서 설계했던 내용들
- 참여자 모집 기간과 선정 일정
- 참여 신청서 링크

✔ 모집 안내 공지는 어디에 올리면 좋을까?

* 우리 커뮤니티에 관심을 가질 만한 사람들이 어느 사이트, 어느 플랫폼에 모여 있는지 관찰하고, 그곳을 중심으로 모집 안내를 진행하면 좋습니다.

④ 오리엔테이션

✔ 디자인 단계에서 구성했던 내용을 바탕으로 커뮤니티에 대한 소개가 준비되었나?

✔ 사람들이 알고 싶어하는 정보들을 빼먹지 않고 잘 담았나?

✔ 참여자 소개는 어떻게 할까?

✔ 아이스브레이킹은 어떤 방식으로 하면 좋을까?

✔ 오리엔테이션 현장 기록(사진)은 어떻게 남길까?

* 참여자는 사회자가 소개할 수도 있지만, 각자 스스로를 소개하는 것이 분위기를 푸는 데 도움이 됩니다. 이때 한두 장의 PPT를 제공하면 소개에 대한 부담을 줄일 수 있습니다. PPT의 경우 미리 예시를 제공해 준비할 수 있게 합니다.

* 아이스브레이킹 이벤트에 소소한 경품이 있어도 좋습니다.

* 현장 기록을 위해 전문 포토그래퍼를 섭외하거나 좋은 카메라를 활용하면 좋습니다. 사진은 최대한 빠르게 공유하세요. 사람들과 함께 즐거운 시간을 보내는 자신의 모습을 사진으로 확인하는 순간, 커뮤니티의 인상은 좋아지기 마련이니까요.

커뮤니티 매니징 체크리스트

커뮤니티는 '운칠기삼(운영이 70, 기획이 30)'입니다. 그만큼 커뮤니티는 운영이 중요해요. 그 이유는 커뮤니티가 사람 간 관계이기 때문입니다. 관계는 고정되어 있지 않고, 늘 유동적으로 변합니다. 그래서 업데이트 가 필요합니다. 운영을 통해 프로그램, 커뮤니티 룰 등이 수정되며 커 뮤니티의 기획도 더 단단해지는 것이죠. 그렇게 커뮤니티가 안팎으로 건강해집니다.

ⓐ 환대하기

✔ 우리 커뮤니티가 언제나 서로 아이컨택을 하고 웃으며 반기는 분위기인가?

✔ 멤버들이 편안하게 있을 수 있도록 사소한 디테일들을 어떻게 챙길 수 있을까?

✔ 서로가 서로를 환대할 수 있는 환경인지 늘 체크하자.

* 환대는 스태프의 노력과 공간의 매력이 더해지면 효과가 배가 됩니다. 예를 들어 환영 안내문 붙여 두기, 공간에 들어왔을 때 웃으며 인사하고 자리 안내하기, 대기하며 할 수 있는 것들 마련해 두기, 조명이나 배경 음악 등 공간의 매력 만들기 등이 사소한 디테일이 될 수 있습니다.

② 역할 주기

✔ 참여자들이 각각 작은 역할을 가지고 있는가?

✔ 커뮤니티의 중심을 스태프에서 멤버들로 옮길 수 있는 장치가 있는가?

* 참여자들은 역할이 있어야 더 관심을 가집니다. 특히 작은 역할이라도 수행하다 보면 서로 이야기를 나누게 되어 아이스브레이킹에도 효과적이에요. 커뮤니티가 참여자 중심으로 가면, 활동 이후에도 참여자들끼리 후속 모임을 만들어 가기도 합니다.

③ 피드백 반영하기

✔ 참여자들의 피드백을 받을 방법을 어떻게 설계할까?

✔ 피드백을 반영하는 절차는?

✔ 스태프끼리 혹은 참여자 전체가 참석하는 정기 회의가 있는가?

* 참여자 피드백은 직접 묻거나 구글 폼 등의 설문 조사를 이용하는 방법이 대표적입니다. 모아진 의견과 아이디어는 빠르게 수렴하고 피드백을 전달하는 것이 좋습니다.

* 참여자 피드백을 통해 커뮤니티 디자인과 매니징을 계속 개선하는 것이 중요합니다.

④ 리워드 업그레이드 및 업데이트하기

✔ 멤버들이 기존의 커뮤니티 리워드에 만족하는가?

✔ 새로운 리워드를 제공한다면 어떤 것을 제공할 수 있을까?

* 리워드로 제품이나 굿즈, 혹은 커뮤니티 멤버로서 받을 수 있는 할인이나 서비스 지원 등을 설정할 수 있습니다.

* 반드시 리워드가 필요한 것은 아니나, 리워드는 즉각적인 반응을 끌어낼 수 있다는 장점이 있습니다.

⑤ 1:9:90 법칙 활용하기

✔ 우리 커뮤니티 멤버들을 1:9:90으로 나누어 본다면 어떻게 구분할 수 있을까?

✔ 90의 멤버들이 더 참여하도록 하기 위해 어떤 장치들을 설계하면 좋을까?

✔ 멤버들이 롤모델로 삼을 만한 적극적인 멤버, 커뮤니티에서 긍정적인 영향을 받고 이를 증명하는 멤버가 존재하는가?

⑥ 기록하고 공유하기

✔ 활동마다 그날의 모습을 사진과 글로 남기고, 이를 아카이빙하고 있는가?

✔ 이 기록을 공개 가능한 SNS에 공유하고 있는가?

* 멤버들이 자신들의 모습이 공개되기를 꺼린다면 멤버를 위한 별도의 계정이나 플랫폼에 활동 모습을 공유하고, 외부 홍보를 위한 계정에 공개 가능한 선에서 공유해도 좋습니다.

⑦ 특별한 경험 제공하기

✔ 커뮤니티 참여에 동기를 부여할 일회성의 이벤트 등이 준비되어 있는가?

* 축제, 플리마켓 등의 외부 행사 참여, 공모전 지원 등 성장을 위한 이벤트뿐 아니라 멤버 간 관계를 위한 번개 만남, MT 등 일상적이지 않은 이벤트는 커뮤니티 활동에 새로운 불꽃을 지핍니다. 활동을 지속할 수 있는 동력이 되어줄 거예요.

⑧ 리마인드하기

✔ 우리 커뮤니티의 목표와 커뮤니티 룰 등 중요한 정보를 꾸준히 리마인드하고 있는가?

✔ 어떤 방식으로 리마인드해야 가장 효과적일까?

* 생각보다 몰라서, 까먹어서 실천하지 못하는 경우가 많습니다. 단체 안내와 개별 안내, 메일, 문자, 메신저 등 다양한 방법을 활용하여 꾸준히 리마인드 하는 것이 중요합니다.

◎ 디자인과 매니징의 순환

✔ 운영하며 발견된 새로운 이슈들을 디자인과 빌딩에도 유연하게
　반영하자.

* 커뮤니티가 지속되면 운영 방식이 업데이트되고, 이런 변화는 디자인
　과 빌딩에도 영향을 미칩니다. 커뮤니티가 시즌제를 거듭하면서 점차
　발전하는 것이죠. 그러니 커뮤니티를 위해 디자인과 매니징을 끊임없
　이 순환시키고 유연하게 생각하는 태도가 필요합니다.

나의 커뮤니티 연대기

마흔을 앞두고 일과 삶이 요동쳤습니다. 불혹이라 하던데, 매일 흔들렸습니다. 뭐 하나 손에 잡히는 게 없었고, 아침 출근길이 힘 빠진 저녁 퇴근길처럼 기진맥진한 날들이 이어졌습니다. 이직을 할까? 창업을 할까? 도무지 답을 낼 수 없었습니다. 그렇다고 회사에서 돌파구를 찾자니 뭔가 큰 벽에 가로막힌 기분이었습니다.

20대 때는 공학 전공으로 대학을 다녔습니다. 하지만 전공에는 관심이 없었어요. 대학 생활 내내 음악 동아리의 기획 일에만 파묻혀 있었죠. 해야 하는 공부 대신 좋아하는 일을 했습니다. 다행인지, 운이 좋아 졸업 후에 선배 소개로 축제 사무국에서 일을 시작했습니다. 동아리 활동이 일과 연결이 된 것입니다. 제가 맡은 건 축제 자원활동가를 모집하고 배치하고 운영하는 것이었어요. 한마디로 축제를 위한 150명 규모의 커뮤니티를 빌딩하는 것이었습니다.

축제 일은 너무 행복했지만, 뭔가 모를 외로움이 있었습니다. 그래서 문화예술 관련 대학원을 찾아가게 되었습니다. 대학 때 하지 못한 공부를 했어요. 공부도 재미있었지만, 비슷한 지향점을 가진 동기, 선후배를 만나 이야기를 나누는 게 그렇게 즐거울 수 없었습니다. 이곳에서 만난 선배의 제안으로 공연기획사로 이직을 했습니다.

공연기획사에선 마케팅 일을 했습니다. 처음 하는 일이었지만 너무 잘 맞았어요. 공연기획사에서도 커뮤니티를 운영했습니다. 클래식 공연에는 클래식 팬들, 뮤지컬 공연에는 뮤지컬 팬들을 모으고 마케팅 서포터즈를 빌딩했죠. 그들의 전문성에 힘입어 함께 공연을 알리고 티켓을 판매했습니다.

당시 대학원 후배를 통해 공연계 마케터 모임을 제안받았습니다. 그 모임에 금세 빠져들었어요. 그곳에서 마케팅 노하우를 나누고, 서로의 공연을 보여 주고, 각자가 가진 네트워킹을 나눴습니다. 혼자라면 헤매며 더디게 해결했을 여러 문제를 커뮤니티를 통해 도움을 주고받으며 조금씩 해결해 나갔습니다. 성과도 좋았습니다.

이후 공연기획사를 떠나 63빌딩(한화호텔&리조트 63시티)의 문화프로젝트도 담당해 보고, 포털사이트 다음에서 문화 마케팅 일도 했습니다. 이 두 곳에서도 커뮤니티를 계속해서 기획하고 만들었어요. 특히 다음에서는 인문학 동호회, 공연·전시 관람 동호회, 사람책 프로젝트 모임 등 사내 커뮤니티를 세 개나 만들었습니다. 사람책 프로젝트는 특별한 것에 재능이 있는 동료를 책처럼 소개하고 그 책을 만날 수 있도록 하는 프로젝트였습니다. '동료가 복지다!'라는 이야기를 듣고 시작한 프로젝트였어요. 이때 다양한 동료들과 연결되었습니다.

아시다시피 다음은 카카오와 합병되었습니다. 엄청난 일이었죠. 저는 그 급류에 제대로 올라타지 못하고 허우적거렸습니다. 이러다 가라앉는 건가? 이러다 뭍으로 밀려나는 건가? 매일 불안감이 쌓였습니다. 마흔을 앞두고 온통 걱정만 가득한 시간이 저를 병풍처럼 둘러싸고 있었던 것입니다. 그러다 문득 한 생각이 떠올랐습니다. 나에게 지금 새로운 자극과 영감을 주는 관계가 필요한 게 아닐까?

'낯선대학'이란 직장인 커뮤니티는 그 고민 끝에 나온 결과물입니다. 회사 동료 몇 명, 공연계에서 만난 지인 몇 명과 함께 시작했어요. 알고 보니 마흔은 저만 힘든 게 아니었더군요. 많은 이들이 이 대학에 입학했고 서로의 고민과 문제를 나눴습니다. '한 해만 해 보자!'고 했던 그 프로젝트가 이제 10년을 맞이하고 있네요. 낯선대학이 1년의 시간을 통과하는 커뮤니티라면 2017년에 제주에서 시작한 '낯선컨퍼런스'는 2박3일이란 짧은 시간 동안 임팩트있는 프로그램을 경험하며 커뮤니티를 형성했습니다.

낯선대학과 낯선컨퍼런스를 통해 통해 흔들리던 마음은 안정이 되어 갔습니다. 느슨하게 연결된 이들의 연대는 큰 힘이 되었죠. 여러 모로 안정이 되니 또 다른 커뮤니티 프로젝트를 기획하게 되었습니다. 그렇게 시작한 것이 '100일 프로젝트'였어요. 처음은 회사 동료들과 함께하는 100일 글쓰기 모임이었습니다. 첫 시작에 무려 55명이 참여했어요. 100일간 글쓰기를 하면서 서로 조금씩 이어졌습니다. 한 번만 하려던 것이 또 이어져, 두 번째 100일은 글쓰기를 비롯해 그림 그리기, 시 필사 등 무려 여덟 개의 프로젝트가 진행되었습니다. 한 프로젝트에 20~30명이 참여했죠. 시즌 3에는 열두 개의 프로젝트가 이어졌습니다. 이 열기와 반응은 회사

전체에 퍼졌어요. 결국 "이 프로젝트를 대국민 서비스로 만들어 볼래요?"란 제안을 받으며 팀을 옮겼습니다. 그렇게 나온 서비스가 '카카오 프로젝트 100'입니다. 100일간 작은 커뮤니티 수십, 수백 개가 만들어지는 프로젝트였어요. 좋아서 시작한 것이 일로 전환되었습니다. 그야말로 덕업일치를 이룬 것이죠.

이것 외에도 커뮤니티 프로젝트는 또 있습니다. 서로의 경험을 나누는 모임, 경험 공유 살롱 '리뷰빙자리뷰'입니다. 트레블코드가 기획한 도쿄 인사이트 트립을 다녀온 후 그 경험을 나누었더니 반응이 좋더라고요. 그러다 문득, 사람들이 자신의 경험을 이렇게 나누어 주면 좋겠다는 생각이 들었어요. 그렇게 경험을 나누는 살롱도 시작했습니다. 회사를 다니면서 운영 전반을 혼자 진행했던 터라, 처음에는 한 달에 한 번 진행을 하다 반응에 이끌려 매주 진행했습니다. 특정 주제에 대한 살롱이 열리고, 그것에 관심 있는 이들이 모여 느슨한 연결을 경험했어요.

마흔 중반을 앞두고 저는 퇴사를 했습니다. 오랜 시간 품은 고민이었고, 두려웠지만 언젠가 가야 할 길이라 생각했죠. 퇴사 후 1인 회사 '플라잉웨일'을 만들었고, 그간 했던 커뮤니티 프로젝트를 발판 삼아 커뮤니티 관련 일을 다양하게 했습니다. 프립, 페이지 명동 등에서 커뮤니티 디렉터로 협업했고, 성장과 변화를 꿈꾸는 4050 여성들의 커뮤니티 MKYU에서 콘텐츠 디렉터로 함께했습니다. 거대한 커뮤니티를 운영하는 김미경 대표님과 스태프들의 활동을 보며 커뮤니티에 대해 배우는 시간이기도 했습니다.

여러 커뮤니티를 빌딩하고, 다양한 회사의 고객 커뮤니티 빌딩을 도우면서 흩어져 있던 생각들이 정리되기 시작했습니다. 그런 생각을 바탕으로 트레바리에서 '커뮤니티 빌더들'이란 북클럽을 오픈했습니다. 커뮤니티 이야기를 좀 더 많은 분들과 해 보기 위해서였습니다. 그렇게 2년이란 시간 동안, 매달 커뮤니티 이야기를 나눴습니다.

이 모든 이야기가 바로 이 책에 담겨져 있습니다. 저의 오랜 커뮤니티 연대기가 주변의 도움을 받아 이렇게 책 한 권으로 탄생한 것입니다. 먼저 이 책이 나올 수 있도록 여러모로 살펴 준 현익출판과 두 편집자 분에게 감사의 마음을 전합니다. 커뮤니티는 혼자서는 성립될 수 없습니다. 지향점이 비슷한 둘 이상이 함께해야 하죠. 그동안 정말 많은 이들과 연결·연대·연속을 만들어 왔습니다. 공사장, 낯선대학과 낯선컨퍼런스, 리뷰빙자리뷰, 100일 프로젝트, 월간마라톤, 사람책 프로젝트, 프립, MKYU, 페이지 명동, LG전자 고객 커뮤니티(라이프집 등), 프리키 폭스 크루 그리고 최근 영향을 많이 주고받는 다오랩과 로컬브랜드포럼까지. 한 분 한 분, 커뮤니티 하나하나에 감사드립니다. 또한 이 책의 추천사를 부탁했을 때 흔쾌히 수락해 준 김미경 대표님, 장동선 박사님, 이승윤 교수님, 김주연 팀장님, 이정환 팀장님 진심으로 고맙습니다.

특히나 매해 도쿄 인사이트 트립을 함께 가는 커뮤니티 '도쿄아재들'에게도 감사드려요. 비슷한 연배의 친구들이라 이 견고한 시대를 견디고 헤쳐 나가는 데 더없이 큰 힘이 되었습니다. 이 책이 나오기까지 응원을 아끼지 않은 아내와 아이들에게 감사한 마음을 전합니다. 더해 먼 길 찾아와 챙겨 주신 장인과 장모님, 하늘에서도 기도하는 삶을 살고 계실 아버님, 오랜 시간 아낌없는 사랑이 어떤 것인지 보여 주신 어머님, 모두 사랑하고 감사합니다.

커뮤니티는 생각보다 훨씬 다양한 형태로 변주될 수 있습니다. 온라인 기반 커뮤니티, 오프라인 중심 커뮤니티, 온라인과 오프라인을 결합한 하이브리드 구조, 느슨한 연결 중심 커뮤니티, 프로젝트 중심 단기 커뮤니티, 브랜드 팬덤형 커뮤니티, 목적·의제 기반 커뮤니티 등… 끝도 없이 다양합니다. 그래서 커뮤니티는 방법론보다 먼저 '내가 어떤 성장을 위해 어떤 형태의 연속성을 필요로 하는가?' '커뮤니티가 적절한 방식인가?'라는 질문을 선행해야 해요. 이 책이 그 질문에 답하는 데 길잡이가 되고, 새로운 커뮤니티를 빌딩하는 데 도움이 되기를 바랍니다. 마지막으로 이 책을 읽은 독자분들과 언젠가 커뮤니티 이야기로 북적이는 곳에서 만나길 희망하며 감사한 마음을 전합니다.

커뮤니티 빌더들
브랜드를 성장시키는 커뮤니티 마케팅 첫걸음

발행일	2026년 3월 18일
발행처	현익출판
발행인	현호영
지은이	백영선(록담)
편집	이선유, 김아현
디자인	표지 정나영, 본문 김민영
주소	서울특별시 마포구 월드컵북로58길 10, 더팬빌딩 9층
팩스	070.8224.4322

ISBN   979-11-94793-54-0

좋은 아이디어와 제안이 있으시면 출판을 통해 가치를 나누시길 바랍니다.
uxreviewkorea@gmail.com